Aldo Izzo
Il custode della memoria
E L'ANTICO CIMITERO EBRAICO DI VENEZIA

DEDICA

Ad Aldo Izzo
un tributo

Titolo dell'originale inglese: *The Guardian of Memory: Aldo Izzo and the Ancient Jewish Cemetery of Venice*

Prima edizione 2024, Solis Press, Inghilterra

© 2024 Marjorie Agosín.

Fotografie © 2024 Samuel Shats.

Traduzione italiana © 2024 di Roberta Orlando Facchin.

Opera pubblicata dagli autori ai sensi della Legge sui diritti d'autore sul diritto d'autore, design e brevetti del 1988, Regno Unito.

Tutti I diritti riservati. Divieto di riproduzione, archiviazione digitale, trasmissione dell'opera e/o parte della stessa, in qualsiasi forma e/o con qualsiasi mezzo sia esso elettronico, meccanico, incluso qualsivoglia dispositivo di fotocopiatura e registrazione, ad eccezione di quanto previsto dalla legge sul diritto d'autore, design e brevetti del 1988, Regno Unito.

La vendita di questo volume è soggetta alla condizione che non ne venga consentita la circolazione sotto forma di prestito, rivendita, noleggio in edizioni e pubblicazioni diverse da quelle autorizzate con il previo consenso dell'editore che imporrà la presente clausola all'eventuale nuovo acquirente del diritti.

ISBN: 978-1-910146-87-3 (Copertina flessibile)
ISBN: 978-1-910146-88-0 (Copertina rigida)
Disponibile in Ebook

Pubblicato da Solis Press, Lytchett House, 13 Freeland Park, Wareham Road, Poole BH16 6FA, Inghilterra

Web: www.solispress.com | Twitter: @SolisPress

Aldo Izzo
Il custode della memoria
E L'ANTICO CIMITERO EBRAICO DI VENEZIA

MARJORIE AGOSÍN

Fotografie di Samuel Shats

Traduzione di Roberta Orlando Facchin

Solis Press

Sommario

Prefazione di Katie Trostel 8

Prologo di Shaul Bassi 10

Tempo fluido: Aldo Izzo e la memoria dell'acqua 13

L'arte di porre domande. 14

La pandemia e l'arte di immaginare 14

Una cartografia ambigua 19

Custode di una precaria memoria 22

Venezia: lo sguardo di occhi amorevoli 24

Incantesimi e sfide 25

Notti veneziane. 26

Pioggia lieve e persistente sulla laguna 27

Vento, sospiri e una chiave 27

Verso il Lido con un vaporetto blu 28

Il Lido lontano 30

Il mio diario dei sogni 30

Il primo incontro .32

Un uomo con le ali d'angelo 34

Entrando nell'antico cimitero ebraico 35

Passeggiando dentro ad una ostinata memoria 40

Sara Copio Sullam e la memoria della poesia 44

Le donne dimenticate. 45

Scrivere dietro ai portoni chiusi. 46

Pietre sacre e silenziose 47

L'angelo delle ceneri 48

Un addio carico di incertezza 50

Le verità della pandemia 51

Un nuovo incontro con Aldo 53

Il fascismo e l'Olocausto 55

Aldo, la voce della storia e della memoria 58

Foglie di vita e di morte. 59

Gli ebrei veneziani .60

Il nascondiglio durante la Shoah 60

Domande intrecciate 62

Le barche della morte. 64

Yom Kippur durante la pandemia 65

Le feste sacre 65

Il tempo del mare leggiadro 67

Convivendo con l'assenza 67

I lenti giorni della pandemia 70

SOMMARIO

Il tempo immaginato durante l'isolamento. 71

Le Illusioni d'autunno 71

Tornando sempre al Lido 74

Una visita ai defunti 74

Il silenzio del permanere 75

Venezia e l'amore. .76

Venezia e le sue foglie. 77

Ritorni. 79

I suoni di Venezia. .80

La città immaginata. 82

La luce opalina 84

Passi 85

Il Ghetto al calare della notte 87

L'essenza della creatività e l'isolamento 88

Il Ghetto durante la Shoah 92

La casa di Aldo. 96

Il letto di luce. 97

Il tempo degli oggetti 98

Un passo lento 99

Il volto di Aldo. 101

Pesach a Venezia 104

La casa della memoria. 106

Aldo, pieno di luce 107

Di arrivi e addii. 110

Postfazione ad *Aldo Izzo: il custode della memoria*
di Mark Bernheim 113

Il Fotografo: Samuel Shats, onde nel tempo ...
di Mark Bernheim 117

Cronologia 119

Opere citate. 123

Ringraziamenti 124

NOTA SUI CARATTERI UTILIZZATI

Per questo libro è stato utilizzato il carattere Poliphili, una riproduzione del font usato nel libro *Hypnerotomachia Poliphili*, pubblicata da Aldo Manuzio a Venezia nel 1499. Il carattere riproduce quello delle stampe del quindicesimo secolo su carta artigianale – vengono riprodotti anche gli effetti originali.

Il carattere corsivo Blado, usato qui fu usato per la prima volta da Antonio Blado nel 1539.

Prefazione di Katie Trostel

Il Custode della Memoria di Marjorie Agosín è un testo che abbraccia gli aspetti liminali della storia. In qualità di lettori, siamo invitati a varcare la soglia per entrare nella vita di Aldo Izzo – l'uomo che gestisce l'antico Cimitero Ebraico del Lido. Il suo corpo diventa un porto, un approdo, un'ancora e un rifugio per storie che sono sia personali che collettive perché, molto semplicemente, "Aldo ama la memoria". La sua è una biografia fluida, un libro di ricordi organizzato solo dal movimento dell'acqua e modellato dalla forza potente dell'immaginazione

Agosín tiene alle memorie di Aldo ed a quelle della sua amata Comunità Ebraica di Venezia e tesse con le sue parole un luogo metaforico dove il passato, eternamente al servizio di un dinamico futuro, può riposare. Dentro alla cartografia della poesia, Marjorie e Aldo viaggiano attraverso la memoria, creando assieme un senso, mentre lui la conduce sottobraccio, metaforicamente e letteralmente, attraverso le vie della città. Questa è una città dai confini porosi fatti solo d'acqua, una città di soglie, di spazi liminali e di immaginazione. Essa soffia la vita dentro a storie sparse, inciampando nella storia con i suoi passi che irrompono nella memoria ebraica, dormiente e vivacissima al tempo stesso, attivandone così la circolazione.

Le poesie fotografiche con le quali Samuel Shats accompagna il racconto, ritraggono la grandeur di Venezia e dei suoi canali, ma anche la dimensione più intima della memoria: le pieghe nella faccia di Aldo che irradiano gentilezza; la sua stanza da letto. Nelle pieghe di questa composita storia, la memoria fluisce e recede, rispecchiando il movimento delle onde quando tracciano le loro linee effimere sulla riva.

Scritto durante, e immediatamente dopo, la pandemia di Covid-19, il testo è una profonda meditazione sul confinamento, l'isolamento, il trauma intergenerazionale; eppure insiste sul potere liberatorio della narrazione.

Aldo, un ex comandante di grandi mercantili, ci conduce attraverso i flussi e riflussi della memoria, cantando le storie di coloro i cui corpi vennero confinati dentro a spazi ghettizzati, ma che, tuttavia, trovarono la propria libertà negli spazi radicalmente aperti della immaginazione. Questo custode della memoria è un poema aperto e la memoria di Aldo non è stagnante: essa scorre.

Katie Trostel
Ursuline College, Ohio; coordinatrice dell'associazione
Collaborazione con il Ghetto di Venezia

Prologo di Shaul Bassi

Esiste una storia pubblica. I monumenti ebraici non erano facilmente riconoscibili sul suolo pubblico veneziano, non venendo pienamente considerati parte del patrimonio culturale comune di una delle più famose città del mondo. Questa situazione comincia a cambiare negli anni novanta con il recupero degli antichi cimiteri ebraici. Ironia della sorte, la rinascita è stata ispirata dai morti. Molte istituzioni e privati hanno contribuito a questo momento storico, anche se gradualmente è emerso un uomo che sarebbe diventato il simbolo della conservazione, valorizzazione e narrazione dei due cimiteri: Aldo Izzo.

Poi ci sono le storie private. C'era un ragazzo che ha avuto la fortuna di toccare la morte molto in là nella vita, tenendo la sua cagnolina senza vita tra le braccia. Veniva consolato da un uomo molto elegante che gli ha dato un pezzo di carta sul quale c'era scritta una preghiera per gli animali, il primo incontro del ragazzo anche con la tradizione ebraica della cura per le creature umane e non umane. Quel gesto tenero, che non è stato dimenticato, era compiuto da Aldo Izzo.

Quest'anno, un uomo di mezza età è arrivato in ritardo alla celebrazione di Yom Kippur nella sinagoga levantina (la prima dopo il Covid) dopo una mattinata pigra, trascorsa a leggere e meditare a letto. Alla fine di quella lunga giornata, abbraccia un uomo di 92 anni che era stato lì per dodici ore: aggraziato, dignitoso, instancabile. Il suo sorriso radioso cela i tristi accadimenti sopportati nella sua lunga vita con un ottimismo adamantino, che è sempre stato più forte del dolore: Aldo Izzo.

Ero io il ragazzo e ora sono quell'uomo di mezza età; per trent'anni sono stato testimone dei gesti gentili con i quali Aldo si prende cura dei morti e dei vivi, al fianco dei congiunti o come guida impareggiabile di curiosi visitatori.

Quando Beit Venezia - la Casa della Cultura Ebraica ha iniziato il suo viaggio nel 2009, uno dei nostri primi progetti è stato dedicato alle infanzie ebraiche e abbiamo collezionato storie di ebrei nati o vissuti a Venezia. Allora come oggi, credevamo che una delle grandi ricchezze di una comunità sono le vite dei suoi membri, nella loro affascinante varietà. Più avanti, ci siamo concentrati maggiormente sui modi in cui la Venezia ebraica riesce stimolare la creatività di artisti internazionali attraverso una immersione totale nel suo passato e nel suo presente. Uno dei capisaldi di tale esperienza è sempre stata la passeggiata nei cimiteri con Aldo e le sue suggestive storie. Non è una coincidenza che queste passeggiate abbiano ispirato molte opere d'arte, dal progetto artistico di Hadassah Goldvicht *House of Life*, al documentario *Le Pietre di Aldo* in cui Aldo scambia le proprie conoscenze con l'esperta di cultura ebraica europea Ruth Ellen Gruber. Ora Marjorie Agosín con le emozionanti meditazioni poetiche aggiunge un fondamentale capitolo letterario alla vita e alle opere di questo uomo eccezionale.

Dobbiamo la presenza di Marjorie Agosín a Venezia a due dei fondatori di Beit Venezia, persone speciali i cui primi anni di vita (come quelli di Aldo) sono stati segnati dall'impatto del fascismo e del nazismo in Europa e che hanno donato la loro energia intellettuale alla Venezia ebraica. L'intuizione dello studioso americano Murray Baumgarten che il Ghetto potesse tornare ad essere immaginato come il centro culturale internazionale che fu nei secoli passati è stata determinante per la nascita della nostra organizzazione. Napoleone (Leo) Jesurum, manager di successo che si era ritirato a Venezia per dedicarsi alla comunità ebraica della sua infanzia, condivideva la stessa visione. È stata di Murray la felice idea di invitare l'amica Marjorie come scrittrice in residenza per onorare la memoria dell'amico Leo, un'occasione che ha anche dato vita a nuove amicizie e a un meraviglioso saggio.

PROLOGO

Aldo Izzo: Il custode della memoria mette magnificamente insieme due pilastri di Beit Venezia, l'importanza delle storie di vita della Venezia ebraica e il ruolo della narrazione per il passato, il presente e il futuro del Ghetto. Siamo estremamente grati a Marjorie Agosín per il nuovo, importante capitolo di storia della Venezia ebraica, e a Samuel Shats che cattura con le sue immagini poetiche la quieta eleganza delle pietre e dell'acqua della città, la pace serena dei cimiteri, e la serena bellezza del volto di Aldo. E ad Aldo, il nostro capitano, i nostri più affettuosi auguri di continuare, come si dice nella tradizione ebraica, *ad me'ah ve'esrim*, "fino a 120 anni".

Shaul Bassi
Beit Venezia – La casa della cultura ebraica

Tempo fluido: Aldo Izzo e la memoria dell'acqua

Esistono dei testi che non hanno né inizio né fine; storie che attendono qualche lettore paziente e curioso che, nelle sue esplorazioni, colmi gli spazi lasciati talvolta vuoti dall'autore sotto forma di realtà immaginate, omissioni o interludi parzialmente composti. Forse questa storia richiede, come qualche teorico della letteratura sostiene, l'arrivo di un lettore che inventi altri inizi e nuovi finali.

Questo testo è una biografia fluida, una costellazione di frammenti di una vita riempita di avversità e passione. Fluida come il vertiginoso scorrere dell'acqua nella città di Venezia, nei suoi canali e nelle fontane e arcipelaghi, nei suoi ponti, nel Ponte dei Sospiri – il sospiro dell'amore come quello della morte. È una città fatta di piccole isole che salgono e scendono durante le sere incantate, ognuna diversa dalla precedente, tessendo assieme le memorie di quelli a cui Aldo Izzo dona rifugio e protegge, quando seppellisce i morti della comunità ebraica di Venezia e cammina lungo le calli di quella città, specialmente in Ghetto, dove sembra essere una presenza costante.

Nel sonno e nella veglia continuo a tornare a Venezia, come coloro che riscoprono un vecchio amore. Venezia è un continuo divenire, immaginare e inventare nuovamente se stessa. Per fare esperienza di Venezia bisogna viaggiare lungo i suoi canali, nei languidi e affascinanti vaporetti, e scoprire l'Adriatico che cambia da un momento all'altro. Scopro Venezia di giorno e di notte quando fisso il cielo. Venezia è una nuvola impalpabile, una nuvola fatta di stelle e storie, come se fosse parte del cielo stesso.

Dentro a queste pagine, il lettore incontrerà la voce di Aldo e la mia in un dialogo impostato al ritmo delle domande e delle risposte, delle pause e delle sincopi. Ogni capitolo tenta di raccontare un tempo, un istante, un'ora – non tutto in una volta, ma piuttosto ad intermittenza, come se fossimo impegnati in una danza con le parole. Invito i lettori a un rendez-vous con la memoria costruita da ogni storia, messaggio spedito, poesia, ricordo, ciascuno dei quali – assieme agli altri – rappresenta i resti di un passato che rimane davanti a noi. Vi presento Aldo Izzo, il custode della comunità ebraica di Venezia, che ne celebra tutte le sepolture e partecipa a tutte le cerimonie della vita comunitaria.

L'arte di porre domande

La letteratura, come i vortici e le correnti dell'Adriatico e dei canali veneziani, è cinetica come l'arte di fare domande e ricevere risposte. Si tratta di un'improvvisazione intuitiva che capita in momenti inaspettati. Da questo susseguirsi di domande e risposte, sono nate delle idee e cominciano ad emergere delle storie. Ecco come è stata concepita questa storia su Aldo.

Mi sono avvicinata al personaggio di Aldo Izzo attraverso un dialogo che ha le sue radici nella tradizione talmudica delle domande e delle risposte. Quest'arte di porre domande è più di ogni altra cosa l'arte di rendere eterna la bellezza. Aldo ha accettato di buon grado di rispondere a tutte le mie richieste perché è un uomo infinitamente generoso. Si è reso disponibile mettendo tutto se stesso in ogni singola risposta. E sebbene Aldo parli sempre di assenze, tutto in lui risuona come una presenza.

Questo testo riporta il fluire delle conversazioni che ho avuto con Aldo dal 2019 ad oggi. Ci siamo incontrati per la prima volta di persona nel 2019, a Venezia. Da allora, siamo rimasti in contatto via email durante il periodo peggiore della pandemia. Alla fine, nella primavera del 2022, sono riuscita a tornare a Venezia e rivederlo. Durante questo periodo di tempo, le domande e le risposte hanno continuato a fluire.

La pandemia e l'arte di immaginare

Se la pandemia ha stroncato molte vite, ne ha risanato altre e molte persone si sono ritrovate durante questo tempo. Il Covid ha creato un nuovo modo virtuale di comunicare, nuovi modi di essere creativi. Questa raccolta di testi (lettere, poesie e riflessioni) ne è il risultato. La collezione, che può essere letta anche in maniera sporadica, è più di ogni altra cosa, una storia d'amore che parla di riuscire a conoscere se stessi e gli altri nonostante le assenze e le distanze.

Per me la pandemia è diventata un modo di reimmaginare il mondo. Mi sono resa conto che il mondo, così come lo conoscevamo, se n'era andato per sempre, che avremmo dovuto trovare nuovi modi di vivere in un

mondo di cui stavamo assistendo alla scomparsa. L'esperienza epistolare mi ha permesso di fare la conoscenza di un altro essere umano attraverso delle lettere che sembravano contenere un vero dialogo interiore. La relazione che è nata tra Aldo e me è stata forse il più grande regalo che io abbia ricevuto durante la pandemia. La compagnia di Aldo è stata per me cruciale per ritrovare di nuovo me stessa, per sentire l'amore di un essere umano nei confronti di un altro essere umano. Sentivo come se tutto stesse tornando in una veste diversa. La natura emergeva in tutta la sua maestosità, così come la letteratura, la creatività e l'umanità, con la sua capacità di affrontare le sfide.

Questo libro – o la resa in chiave lirica di una vita – ha origine in gran parte da un periodo di solitudine senza precedenti per l'umanità, che è stato al tempo stesso un tempo di infinite possibilità di cambiamento. Come precedentemente accennato, ho iniziato la mia corrispondenza via mail con Aldo durante la pandemia e, dopo aver ricevuto la sua prima, breve lettera, la nostra comunicazione si è trasformata in una conversazione fatta di significati infiniti, come lo sono i numerosi canali che circondano Venezia e lo spazio abitato da Aldo. Mi sentivo come se avessi potuto relazionarmi con lui su qualsiasi messaggio, lettera o esperienza. Qualche volta, per esempio, quando Aldo scriveva della sua infanzia a Venezia, mi riportava alla memoria i ricordi della mia gioventù in Cile.

Volevo scrivere di Aldo come di qualcuno che racconti una storia sul proprio perduto amore, un messaggio in una bottiglia che trova la sua strada verso l'Adriatico.

Comunque, più di tutto, volevo parlare della purezza e della dignità della sua anima, della sua dedizione alla sepoltura dei morti della propria comunità e del gratificante onore di conoscerlo e poter imparare dal suo impegno. E, dopo che tutto è stato detto, il nostro dialogo mi ha permesso di conoscere meglio me stessa e capire la ragione per la quale ho deciso di dedicarmi a questo progetto, una nuova avventura nella scrittura.

Escribes el mundo
En las horas inquietas
cuando el crepúsculo cede sus horas
a la gran noche del mundo,
cuando el anhelo y la quietud divagan
en la ambigüedad de cada anochecer,
es entonces en la hora de los tiempos
    dislocados

Scrivere il mondo
Nelle ore insonni
Quando il crepuscolo cede le sue
    ore
Alla grande notte del mondo,
Quando la nostalgia e l'immobilità
    scivolano
Nell'ambiguità delle sere,

y en la hora donde regresan ellos,
los espíritus de la memoria,
que tú regresas al sendero del bosque.

El camino y la niebla tortuosa
son tus guías.
Caminas en la lentitud de la hora
    violeta.
Los muertos te custodian
y llegas a un portal donde una luz late
en el corazón de la noche del mundo.
Te guías por esa luz …

Te espera una mesa de caoba,
un cuaderno lleno de otoños
y una página en blanco.
Escribes y comienzas
en la soledad de la noche.
Emerge el sueño de la poesía,
la rosa azul,
los pétalos que se desvanecen
porque han muerto
y quieren volver a vivir.

Amaneces entre las palabras.
Todo en ti germina.
Tus dedos son semillas,
bordan palabras.
Has llegado …
Sobre una mesa invisible
escribes el mundo.

È in quel momento, nell'ora del
    tempo vago
E nell'ora in cui ritornano,
Gli spiriti della memoria,
Che tu torni al sentiero nella foresta.

Il sentiero e la nebbia tortuosa sono le
    tue guide.
Cammini con la lentezza dell'ora
    violetta.
I morti vegliano su di te,
E tu arrivi ad un cancello dove la luce
    pulsa
Nel cuore della notte del mondo.
Sei guidato da quella luce …

Ti attende un tavolo di mogano,
Un diario straripante di autunni
Ed una pagina vuota.
Scrivi e inizi
Nella solitudine della notte.
Il sogno della poesia emerge,
La rosa blu,
Dai petali appassiti,
Perché sono morti
Ma vogliono rivivere.

Ti svegli tra le parole.
Ogni cosa germina in te.
Le tue dita sono semi.
Ricamano parole.
Sei arrivato …
Sul tavolo invisibile
Scrivi il mondo.

La creatività sembra fiorire nei momenti di grande solitudine. È importante ricordare che uno dei primi paesi colpiti dal virus è stata proprio l'Italia di Aldo, un paese in cui l'arte fiorisce ovunque, dove la vita è plasmata dalla musica, dalle sculture e da angeli caduti. Non ci deve quindi sorprendere che in Italia la gente abbia iniziato a cantare dai propri balconi per comunicare con gli altri e diffondere la solidarietà, la bellezza e l'amore.

Una cartografia ambigua

Quello che il lettore troverà in questa meditazione è la mia particolare, composita percezione di Aldo, una adorata – e talvolta detestata – figura disegnata attraverso una serie di domande e risposte, conversazioni che tentano di sintetizzare il suo quotidiano e il suo andare e venire in questo mondo. È un testo che cerca altresì di raccontare la storia della sua personale esperienza come ebreo all'interno di una comunità che sta diventando sempre meno popolosa, ma anche il suo modo di osservare le festività ebraiche, i momenti in cui, come lui stesso mi ha raccontato, era solito festeggiare con la moglie, le figlie e i suoi nipoti. Ora, trascorre questi momenti prevalentemente da solo, nel ricordo dei cari che non sono più fisicamente con lui, rivolgendo lo sguardo al mondo dalla terrazza della sua casa del Lido.

Devo dire che Aldo è una delle poche persone che conosco che vive per la verità e la giustizia. Cerca, più di ogni altra cosa, di fare del bene. È inoltre una persona che ha un comportamento etico in ogni cosa che fa nella vita; cose che paradossalmente ci conducono più vicino al mistero della morte. Nelle nostre conversazioni Aldo mi ha spiegato che non è certo di nulla, e che nonostante tutta questa incertezza, quello a cui attribuisce maggior valore sono le tradizioni ebraiche.

La storia della vita di Aldo Izzo inizia quando era un bambino, e poi un adulto ebreo amante della scuola e della lettura che, con gli anni, ha imparato un certo numero di lingue perché a casa sua se ne parlavano molte. Una volta gli ho chiesto della sua abilità nelle lingue e lui ha risposto:

Quante lingue conosco? L'italiano, l'inglese, lo spagnolo, una volta parlavo anche il francese e sapevo anche scriverlo bene, ma è passato molto tempo da quando lo utilizzavo. Sono fuori allenamento ... E se non usi una lingua, la perdi. Comunque, lo leggo senza difficoltà. So un po' di croato e alcune (molto poche) altre lingue, grazie alla professione che ho fatto per trent'anni ...

La professione a cui Aldo fa riferimento è quella di comandante di grandi navi mercantili. Questo mestiere l'ha avvicinato non solo al mare e ai suoi misteri, ma anche a destinazioni lontane dove ha imparato ad interpretare la natura umana.

Questa è la storia che sto cercando di raccontare da lontano. Sto edificando un ricordo su ciò che viene detto e su ciò che resta non detto, su parole che si riferiscono ad un tempo crudele, denso di oblio ma anche di sogni; proprio come la storia di Aldo in una città di infinita bellezza che viene e va, che scorre e ritorna come il mistero indecifrabile delle sue acque, come la vita dipinta all'alba o il sorriso di qualcuno che cerca di aggiustare il mondo salvaguardando esperienze dimenticate.

Questo è un libro che può essere letto come una mappa oscura con brevi interludi di luce. È una cartografia ambigua, come le acque di Venezia che mostrano bagliori di luce per poi sparire nell'infinito, come se non fossero mai esistite. Ogni riquadro è una traccia fragile che riflette l'esperienza di Aldo nel mondo, catturata nei suoi silenzi, in quello che dimentica e che scrive in un fazzoletto di carta o in vecchi diari, nei frammenti di una tempesta e nelle sue ombre; frammenti di luce intrecciati a visioni di una Venezia che resta intatta nonostante il passare dei secoli.

Senza dubbio, questa conversazione è una grande lettera d'amore alla vita e all'universo conscio e inconscio, che trova la sua ragione d'essere nelle esperienze di Aldo; una lettera d'amore scritta in un anno e mezzo, in un periodo nel quale la pandemia causata dal Covid ci ha fatti interrogare sulla natura umana e sulle nostre fragili ambizioni che erano state stroncate da un nemico invisibile. Al tempo stesso, abbiamo anche iniziato a re-immaginarci e a ponderare il nostro passato e il nostro nuovo futuro.

Custode di una precaria memoria

Credo che, dietro all'arte delle parole – quelle di Aldo in particolare – ci sia un'energia latente, una forza che produce in seguito una miriade di emozioni, immagini profonde che una semplice trasposizione nella forma della scrittura non potrà mai rendere. Come conseguenza delle nostre conversazioni e del mio tempo trascorso a Venezia, sento che tutto ciò che riguarda l'esperienza veneziana appartiene a un alfabeto sconosciuto, un ordine in cui i segni alludono a degli indizi o a porte semi-aperte, finestre misteriose che fanno riflettere su chi può aver vissuto in quei palazzi dorati. Potrebbe essere l'ombra dei morti che appaiono come ospiti in un festoso ritrovo di fantasmi? Venezia è una di quelle città dove gli esseri viventi appaiono e scompaiono, dove i ricordi emergono come l'aura di una memoria

vivente che si sviluppa attraverso i canali del tempo, sopra una città che da lungo tempo è stata luogo di mercanti, nomadi e poeti. Aldo Izzo e Venezia sono inseparabili. Sono un essere vivente e una città che viaggiano tra gli spazi, a tempo, attraverso varchi e specchi: appartengono al qui e ora e all'altrove. Questo è ciò che Aldo è: il custode della memoria.

Grazie alle mie conversazioni e alla mia corrispondenza epistolare con Aldo, ho capito l'importanza di salvaguardare la memoria dei defunti e una cultura che sta continuando ad assottigliarsi, senza aspettarsi nulla in cambio. Gli individui che si dedicano altruisticamente ai morti e a quelli che li visitano sono i più nobili degli esseri umani.

Venezia: lo sguardo di occhi amorevoli

Incontrai Aldo Izzo per la prima volta nel giugno del 2019, quando fui invitata come scrittrice ospite della Comunità Ebraica di Venezia e di Beit Venezia. L'invito mi arrivò da due docenti universitari: Murray Baumgarten e Shaul Bassi. Ero molto eccitata e accettai immediatamente, motivata principalmente da un'idea sulla quale meditavo da qualche tempo. Volevo visitare e scrivere del cimitero ebraico del Lido e anche dello spazio chiuso del Ghetto, un luogo di creatività e di apertura. Volevo capire come l'isolamento forzato potesse portare alla produzione di opere letterarie. E sebbene nessuna storia sia completamente eguale ad un'altra, più tardi, quando cominciai a scrivere questo libro, l'isolamento del Ghetto mi ricordò quello della pandemia del 2020, il confinamento forzato causato da un virus.

Ecco come arrivai a Venezia, in un maggio insolitamente freddo, cosa di cui rimasi sorpresa visto che quel periodo dell'anno è usualmente indicato come il mese della fioritura. È un mese pieno di pomeriggi che illuminano ulteriormente la storia di una città che, sebbene stia sprofondando, emerge come una presenza costante nell'immaginazione di coloro che ne scrivono.

Durante i mesi del mio soggiorno, ho cercato di vivere, sentire e odorare la città in tutto il suo splendore, osservando ciascun dettaglio in modo che nulla potesse sfuggirmi. Fu un compito che mi assunsi apparentemente in maniera molto seria, in quanto mi sentivo spesso inquieta, facevo fatica ad addormentarmi. Volevo qualcosa di particolare e diverso da ciò che i poeti avevano già narrato sulla città. Non volevo imitare nessuno, cercavo la mia voce personale. Qualcosa in me voleva restare in allerta giorno e notte per ascoltare ciò di cui parlavano i veneziani, come l'acqua alta per esempio.

Incantesimi e sfide

Ero ansiosa di percorrere ogni itinerario, navigare lungo ogni canale, toccare ogni pietra delle vecchie mura che da mezzanotte all'alba un tempo rinchiudevano altre vite come la mia. La città emette un suono misterioso, che sempre sembra suggerire una presenza sommersa, mentre le sirene dei vaporetti e le campane della chiesa di San Moisè (che è vicino a dove mio marito e io stavamo, in un edificio dove non c'erano altri inquilini a parte noi) risuonavano attraverso la notte sacra. Nelle mie osservazioni, avevo la sensazione che Venezia mi stesse consegnando le sue chiavi, come Aldo avrebbe fatto il giorno seguente con le chiavi del cimitero, dove mi avrebbe aspettato, vicino all'antica porta della Bèd a haìm, la casa della vita,[1] mentre i nostri morti stavano a guardare. Mentre lo immaginavo camminare verso il cancello del cimitero, pensavo al significato del suo lavoro.

---

1 Bèd a haìm, o Beit Chaim nella grafia usata dall'autrice, è il nome ebraico per "cimitero", o la casa della vita. Come spiega Umberto Fortis in La parlata degli ebrei a Venezia (ed. Giuntina, 2006, pag. 141) "Fra i molti modi che la lingua ebraica offre per indicare il cimitero [...] a Venezia si usa esclusivamente questo costrutto, del resto ben diffuso in ambiente sefardita. Bèd a haìm (lett. 'casa della vita') sta a riflettere infatti la concezione ebraica di una continuità oltre l'esistenza terrena, fino alla resurrezione dei morti." —Nota del traduttore.

Notti veneziane

A Venezia nessuna notte è uguale ad un'altra. Passeggiare in giro per la città è vivere un effetto di meraviglia e rievocare le orme dei viaggiatori che potrebbero emergere dai palazzi avvolti nell'ombra, oppure dall'aldilà, dal lontano regno della morte. Venezia è una città opalina, dove tutti sembrano viaggiare in un tempo fuori dal tempo e dove ogni specchio è la porta che collega il qui e ora e quello che era un tempo. Venezia è una città che improvvisamente scompare per poi riemergere come in un sogno fluido, bagnata dalle acque. Ogni cosa di Venezia strega e incanta quelli che non hanno paura di guardare nel profondo della sua essenza.

E anche se le notti veneziane sono buie e profonde, ci riempiono di una certa chiarezza che ci permette di elaborare quello di cui facciamo esperienza durante la luce del giorno. Di notte, i palazzi rifulgono del loro splendore, illuminati da una luce tenue che ammicca a una presenza che non c'è più. Di notte, tutto è illusione.

Pioggia lieve e persistente sulla laguna

Mi ricordo di una notte, durante la mia visita; ricordo ancora i venti dei mari del nord e del sud che convergevano, mentre ascolto il lamento dell'acqua e dei vaporetti, le affascinanti barche che trasportano turisti sgomenti davanti alla magnificenza della città. Sono forse quelle barche precarie e senza tempo, retaggio dei tempi antichi, come se il passato stesse tornando verso di noi? La pioggia cade in questo regno della notte. Guardo fuori dalla finestra per scoprire che non c'è nessuno là fuori, eppure io ho la visione di tutti in questa città d'acqua dove l'immaginazione e la memoria si incontrano. Quello che ho sognato l'altra notte è interrotto dal sogno di oggi. Le campane della chiesa di San Moisè suonano in un modo che pare indicarci da lontano un ricordo nel quale la pioggia di sommerge di profezie. Ecco come Venezia mi riempie di domande anche se non sto cercando risposte. Mi domando se la pioggia in questa città possa avere un suo proprio spirito o se possa essere diversa dalla pioggia che cade fuori dalla mia finestra. Mi immergo una volta ancora nella vacuità del sonno dove la consistenza di questa notte si prende cura delle mie parole e io mi addormento seguendo il suo ritmo. Sono libera mentre ascolto la pioggia leggera cadere nella laguna.

Vento, sospiri e una chiave

Per entrare in città improbabili come Venezia, si ha bisogno di sognare e ricordare il Ponte dei Sospiri che connette il passaggio tra il giorno e la notte e i ritmi dell'acqua che sussurra.

Ci si deve fermare e ascoltare la lingua del vento e dell'acqua. Non ci sarebbe Venezia senza il vento, e allo stesso modo non ci sarebbe Venezia senza sospiri. Eppure, per entrare, qualcuno deve darvi la chiave: la chiave della vita e della morte, la chiave delle imbarcazioni e dei canali, la chiave del viaggio e del tempo.

Per andare in giro in questa città labirintica che non ha degli indirizzi precisi, si devono aprire molte porte. Anche così, qualcuno rimarrà chiuso per sempre, forse inghiottito dalle vicissitudini di una storia che emerge solo più tardi, nella letteratura. Confido nella mia pazienza e nel potere della letteratura perché mi aiutino a capire questo luogo notturno con le sue facciate e i canali, questa città sulla quale veglia la figura di Aldo Izzo.

E così, mi sveglio in questa città che mi dà il benvenuto, che mi invita a tornarci ancora molte volte, che mi fa sentire viva come l'acqua che scorre attraverso i miei sensi; un'acqua che vive e che mi avvicina all'amore e all'obbedienza, ai segni disegnati dai suoi canali.

Devo andare a incontrare Aldo Izzo ... Mentre penso a tutti gli altri impegni che ho in città, mi viene in mente che devo incontrare una giornalista stamattina, vuole intervistarmi in merito alla mia vita di autrice e al mio viaggio a Venezia.

È in ritardo, in effetti sembra che non ci siano orologi in questa città, tanto che si ritorna al tempo dell'amore e della bellezza, al tempo di Venezia e dei suoi canali.

Quando la giornalista finalmente arriva, mi prendo anch'io il mio tempo per rispondere alle domande, e così mi adeguo al ritmo della città e delle sue acque. La giornalista sembra conoscere la mia vita molto più di me. La ascolto mentre parla dei miei ricordi come se stesse parlando di un dipinto di cui anch'io faccio parte, contribuendo alla costruzione della memoria della città.

Verso il Lido con un vaporetto blu

All'improvviso Shaul Bassi, il mio ospite, bussa alla vecchia finestra del caffè vicino a Piazza San Marco, dove sono seduta con la giornalista. Lo vedo entrare in fretta e ricordo come a Venezia chi va di corsa viaggi sullo stesso percorso, la stessa barca lungo il canale di chi se la prende comoda.

Vorrei giocare con questo senso del tempo così unico in questa città, danzare con esso, esserne luce e ombra contemporaneamente, ma Shaul mi sveglia da questo fantasticare, con il suo tono di voce, a metà tra il distante e l'affettuoso. "Marjorie, arriverai in ritardo al Lido e Aldo non potrà attenderti perché potrebbe piovere e non voglio che Aldo rimanga ad aspettarti sotto la pioggia." Mi congedo dalla giornalista che continua a parlare della mia vita di giovane adulta e vedo con la coda dell'occhio la sua mano alzata, come a chiedere una spiegazione mentre io me ne vado via.
Corro verso il vaporetto che mi porterà al Lido, come i turisti di tutto il mondo; lungo la strada, i venditori ambulanti mi fanno inciampare.

Vedo il Palazzo Ducale e riesco già a sentire il nuovo tipo di felicità che mi sta per inondare: qualcosa sta per cambiare la mia vita, la comprensione dei miei ricordi e il mio lavoro su questo tema. Sento che sarà la felicità di un incontro con le esperienze di un popolo, il popolo ebraico, perdute dentro le mura di questa città.

È il mio popolo che, nonostante le ingiustizie della storia, continua ad avere la meglio. Penso molto a questo sul vaporetto perché finalmente sto andando ad incontrare Aldo, colui che si prende cura dei ricordi degli ebrei di Venezia e di qualsiasi altro posto in cui le leggi della Tora vengano rispettate.

Il Lido lontano

Il Lido sembra un'isola lontana da Venezia, ma potrebbe trattarsi soltanto di un'illusione ottica. Ogni cosa a Venezia è lo specchio di ciò che era e di ciò che avrebbe potuto essere un tempo, o ancora di ciò che non è. Mi piace andare al Lido in vaporetto, pieno di gente, guardarla mentre scende alle diverse fermate dai nomi che suonano come in un canto e ti fanno innamorare: Salute, Accademia, Giardini ... Ogni fermata potrebbe essere una poesia o la più grande avventura che si possa immaginare. Ogni fermata viene ricordata di volta in volta e sempre in un modo diverso.

Il mio diario dei sogni

Mentre mi reco al Lido in vaporetto, mi appunto sul diario:

Quando guardi Venezia, è sempre come se la vedessi per la prima volta ...

Sento che sto imparando qualcosa sulla nascita e la morte in questa città. Prendo nota delle parole che in italiano traducono "to give birth", cioè "dare alla luce." Stare sull'acqua a Venezia mi fa sentire rinata, venuta alla luce appunto, un genere di luce diverso.

Smetto di scrivere per guardare la Basilica della Madonna della Salute, che è semplicemente maestosa. Come nella poesia, tutto a Venezia ha il ritmo dell'abbondanza, quella bellezza che si nasconde negli angoli più sacri dell'anima. Piccola, sommersa, bellissima e vulnerabile Venezia.

Torno al mio diario e scrivo:

Venezia è come una pioggia leggera, come le carezze di un amore lontano eppure presente ... Lido è alla fine della laguna come un tramonto, come la trama della nostalgia, un tramonto per ricordare tutto ciò che ci sfugge. E la Memoria di questa città, che è tanto effimera quanto elusiva, rappresenta un'ala del vento che cerca rifugio tra le pietre ...

Chiudo il mio diario, perché siamo finalmente arrivati al Lido. C'è un taxi che ci aspetta per portarci al cimitero ebraico.

Il primo incontro

Sono in ansia per questo incontro perché non conosco Aldo e non ho mai visitato queste tombe che rappresentano le memorie ancestrali del popolo ebraico. Un popolo che la storia da sempre ha cercato di distruggere e seppellire, un popolo che un tempo viveva (come molti altri) confinato dentro ai ghetti, ascoltando ogni notte il cigolio del chiavistello che segnalava il momento in cui l'esperienza e la vita venivano sepolte dietro ad enormi portoni in una città nelle cui acque si può ancora udire l'eco di singhiozzi lontani. E sento quegli stessi singhiozzi nel mio cuore ... Oggi comunque c'è un bellissimo sole che illumina la figura di Aldo Izzo che mi sta aspettando al cancello del cimitero. Aldo, che ne custodisce le chiavi, che vigila sui vivi e sui morti, mi saluta con il suo sguardo liquido mentre appoggia una bicicletta antica ad una porta di legno.

La bicicleta con alas
Aldo Izzo
viaja en su bicicleta con alas
como en los sueños de Chagall
donde el mundo vuela y sonríe
y las piedras ancestrales cantan.

Aldo se acerca sin prisa.
Determinado abre las puertas
del cementerio del Lido.
En este instante cuando el calendario
Se remonta a millares de siglos,
llega el silencio de los muertos,
los que nos aguardan,
los que nos invitan a entrar.

Se abren las puertas
y a lo lejos los gatos susurran.
El sol se posa en las tumbas
y en el rostro de Aldo
que es un mapa curtido
por la luz y las sombras ...

La bicicleta descansa y sueña.
Ha doblado sus alas.
A lo lejos también el mar aguarda,

La bicicletta alata
Aldo Izzo
corre sulla sua bicicletta alata
Come in un sogno di Chagall
Dove il mondo vola e sorride
E le pietre ancestrali cantano

Aldo si avvicina serenamente.
Apre i cancelli del cimitero del Lido
Senza incertezza.
In questo istante in cui il calendario
Va indietro di migliaia di secoli,
il silenzio dei morti ci raggiunge
Ci aspettano
Ci invitano ad entrare
Le porte si aprono
Ed in lontananza i gatti fanno le fusa.
Il sole si posa sulle tombe
E sulla faccia di Aldo
Che è una mappa segnata dal tempo
Dalla luce e dalle ombre
La bicicletta riposa e sogna
Ha ripiegato le sue ali
Da lontano anche il mare è in attesa
Tutto è in attesa

IL PRIMO INCONTRO

todo aguarda …
Las tumbas se inclinan y nos hacen pequeñas reverencias
en una maraña prodigiosa entre la muerte y la vida.
Aldo canta y cuenta.
De sus labios emerge la luz de Dios,
los desafíos de la fe.

Le tombe si chinano verso di noi con grande leggerezza
In un prodigioso groviglio di morte e vita.
Aldo recita un canto e racconta storie.
Dalle sue labbra affiora la luce di Dio,
le sfide della fede.

Un uomo con le ali d'angelo

Aldo Izzo è un uomo talmente alto che quando ti abbraccia sembra che le sue mani ti circondino il capo, come se ti salutasse un angelo caduto dandoti il benvenuto non alle porte del Cielo, ma piuttosto a quelle della Terra …

In questo primo incontro, gli chiedo: "Quando hai deciso che avresti badato a questo cimitero con tanta cura? Perché lo fai Aldo?" Mi risponde che deve farlo e comprendo in quel momento che la responsabilità di Aldo sembra nascere dal suo impegno nei confronti del giudaismo e della storia del suo popolo. Spiega: "Più che un dovere religioso, preferisco considerarlo un dovere verso il nostro popolo perseguitato …". Almeno questo è quello che dichiara quando ammette che non prega tutti i giorni, ma che celebra sempre Shabbat.

Per certi versi, Aldo è la persona che ha iniziato il rinnovamento del cimitero ebraico. Pensavo che il cimitero del Lido fosse il più vecchio d'Europa, ma Aldo mi corregge:

Ricorda, Marjorie, non è il più vecchio d'Europa come dici tu. Il nostro cimitero del Lido esiste dal 1386. Quello di Worms, sulle rive del Reno in Germania è nato nel 1100, e credo che quello di Praga sia più recente; è comparso all'incirca nel 1478 …

Mi domando come deve essere prendersi cura dei morti, tener loro compagnia, e preservare la memoria dei vivi …

Entrando nell'antico cimitero ebraico

Le chiavi del cimitero, sebbene grandi, sembrano non pesare per niente. Potrebbero anche loro avere delle ali? Sono come gli angeli appollaiati sulle tombe che si chinano verso di noi. Sembra che qui ogni cosa sia leggera come il vento e i suoi sospiri.

Las llaves de Aldo
Suenan como un cascabel,
a veces como la marea alta
de las horas venecianas,
y por las noches reposan
en una pared de nobles maderas.

Las llaves de Aldo
que cruzan umbrales,
que abren umbrales,
portales que se deslizan
entre todos los orígenes.

Tan solo Aldo las lleva
Con determinación y elegancia
abre el portón del cementerio
con una suave cadencia
y de pronto el viento de Dios
entra por los muros.

Le chiavi di Aldo
Hanno il suono di una campana,
O talvolta dell'acqua alta
Delle ore veneziane
E la notte riposano,
Attaccate ad una parete di legno nobile.

Le chiavi di Aldo
Che attraversano le soglie,
Che aprono gli usci,
Cancelli che scivolano
Tra gli antenati.

Soltanto Aldo le porta.
Con determinazione ed eleganza
Apre il cancello del cimitero
Con un passo leggero
e subito il vento di Dio
entra attraverso le mura.

Al Lido, si ha sempre la sensazione che l'acqua sia vicina per via dei suoi odori e dei suoi suoni, anche se è fuori dalla propria vista. Le tombe nella parte più vecchia del cimitero risalgono al quattordicesimo secolo.[2] Mantengono ancora le iscrizioni ebraiche e, tra il groviglio di rovi, e alberi caduti dopo i recenti temporali, si ha il senso del tempo che passa, dei secoli di storia del popolo ebraico. Penso a tutti questi nomi. Queste persone hanno vissuto nel Ghetto di Venezia, amandone la luce e l'ombra. Il buio costituiva il metro dei giorni mentre la luce misurava infallibilmente le notti, il tempo del confinamento.

La luce si manifestava quando arrivava la notte e i portoni venivano chiusi. Le notti si riempivano di possibilità. Venivano pubblicati libri, la gente si ritrovava e le donne cantavano. Qualcuno più audace scriveva. In questo momento mi sento come se stessi camminando con Aldo attraverso la casa della vita, una vita dove si entra e si percepisce la vicinanza dell'albero della memoria. Ciascun nome è una foglia ricca di ricordi.

Da bambina non ho mai avuto paura dei cimiteri come succedeva alle mie amiche. Credo di aver amato la tranquillità di quei luoghi, il silenzio delle parole che riposano sulle pietre tombali camuffate da foglie che cadono; foglie come collane ricamate dentro alle pietre. Entro nella casa della

---

[2] Questa nota e le seguenti sono state scritte da una delle mie ex-studentesse, Bethany Pasko. Bethany ha anche trascritto la cronologia al termine del libro. Ringrazio Bethany per l'accurata ricerca che ha svolto per me sull'antico cimitero del Lido e sul Ghetto di Venezia. Qui, Bethany racconta le origini del cimitero: con l'avvento del quattordicesimo secolo, il cimitero del Lido era già formato e fungeva da sito permanente per commemorare i defunti della comunità ebraica del Ghetto di Venezia. Nel 1386, il doge offrì agli ebrei di acquistare un appezzamento di terreno, un lotto da utilizzare come cimitero. Il Piovego gestì la transazione provocando un certo subbuglio in quanto la comunità religiosa di San Nicolò non voleva rinunciare alla terra (Calimani, pag. 9). La terra in questione era piuttosto stretta, fungeva infatti da barriera geografica tra la laguna veneziana ed il mare Adriatico (*World Monuments Fund*). Il rifiuto della gente del posto a cedere la terra è emblematico dell'antisemitismo che permeava ogni aspetto della società veneziana. Ne seguì una causa legale in cui gli abitanti citarono in giudizio la magistratura della città, per poi trovare finalmente un accordo nel 1380 (Calimani, pag. 9).

vita a braccetto con Aldo. Anche se è entrato nei suoi novant'anni, emana una grande forza fisica e, soprattutto, spirituale, proprio come succede a questo cimitero. Nonostante il suo significato storico, è un luogo piccolo, come una casa con delle finestre nascoste che salvaguardano la storia di coloro che un tempo vivevano a Venezia, si sporgevano dalle loro finestre e, all'alba, cantavano a bassa voce, o forse pregavano e ringraziavano.

Los muertos a la hora de la cena
Con la lentitud de las cosas quietas
aprendes y te acercas a ellos …
Han venido de un país lejano
pero conocido por todos.
Cruzan los portales, los umbrales, el tiempo de la soledad.
Llegan a ti como si te estuvieran esperando
y tú a ellos …

Es poroso el viaje.
Cruzan fronteras, cruzan ríos …
Son silenciosos navegantes en una geografía sin confines.
Al principio la luz los quiere acompañar,
pero ellos necesitan silencio y una oscuridad que conmueve
donde también la luz anida como nido, refugio,
momento entre el ir y el venir …

Llegan a tu mesa.
Les has guardado sus asientos favoritos,
les has preparado delicias.
Ellos tan solo te dicen
que han venido por unos instantes.

I morti appaiono all'ora di cena
Nella quiete delle cose tranquille
Impari e ti avvicini a loro …
Sono venuti da una terra lontana
Ma conosciuta a tutti.
Attraversano gli usci, le soglie, il tempo della solitudine.
Ti raggiungono come se ti stessero aspettando,
E tu aspettassi loro …

Il loro è un viaggio permeabile.
Attraversano confini, fiumi …
Sono viaggiatori silenziosi in una geografia infinita.
Sulle prime, la luce tenta di accompagnarli,
ma hanno bisogno di silenzio e di una oscurità compassionevole,
dove la luce si posa come in un nido, un rifugio,
un momento tra l'andare e il venire …

Arrivano alla vostra tavola
Avete riservato i loro posti preferiti
Avete preparato delle prelibatezze per loro.

Esos instantes son años o tal vez siglos
…
Te cuentan que siempre han estado
 junto a ti,
en especial al atardecer
cuando el bosque se puebla de
 encantos,
cuando los ciervos de los cuentos de
 hadas
se mueven lentamente entre los
 helechos,
cuando la niebla se viste con sus ropajes
 lluviosos.
También ellos son hechos de agua y
 lluvias …
Te dicen que les gusta el viento,
 portador de mensajes,
el viento que elogia las palabras de los
 vivos,
que reza por ellos, los muertos.

Ellos están por un instante
o podría ser un siglo.
¿Los reconoces?
¿Sientes las pisadas livianas
como la mirada de Dios sobre los
 campos?
Son ellos, dices. Son ellos,
los que siempre tú aguardabas
como se aguarda un sueño.
Vienen en silencio para no
 inquietarte,
pero sin que te des cuenta
encienden las velas,

Dicono che sono venuti solo per
 qualche minuto
Quei minuti sono anni o forse secoli …
Vi dicono che sono sempre rimasti con
 voi,
Soprattutto al tramonto
Quando le foreste diventano incantate,
Quando il cerbiatto delle fiabe
Si muove lento tra i cespugli
Quando la nebbia è vestita con i suoi
 umidi abiti
Sono fatti anche d'acqua e pioggia …
Ti dicono che a loro piace il vento,
 foriero di messaggi,
il vento che loda le parole dei vivi,
che prega per loro, i defunti.

Sono presenti per un istante,
o potrebbe essere un secolo.
Li riconosci?
Senti i loro passi leggeri,
come lo sguardo di Dio sui campi?
Sono loro, sussurri. Sono loro,
Quelli che hai sempre aspettato
Come si aspetta un sogno.
Vengono in silenzio per non disturbarti
Furtivamente, accendono delle candele.
Gli specchi cominciano a splendere,
accendono la lontana lanterna
 dell'amore.

Si potrebbe immaginare che sono venuti
 ad una festa,
ma non indossano abiti e neppure
 scarpe.

ENTRANDO NELL'ANTICO CIMITERO EBRAICO

se iluminan los espejos,
prenden la lejana lámpara del amor.

Pensarías que han llegado a una fiesta,
pero no usan atuendos ni zapatos,
aunque siempre escuchas sus pasos,
pasos entre la sombra de las aguas.
Te sorprendes frente a una presencia
    que nada evade,
pero la sabiduría de ella yace en el no
    decir.
Sabrás que el silencio se hermana
con las palabras no dichas.
Sabrás que, a la hora de morir,
regresa un ángel a cerrarte los ojos.
También esa oscuridad es otra luz.
Alguien abre una ventana, una puerta, un
    portón …

Tus visitas se han ido.
Te aguardan en la lejanía de un paisaje
que deambula entre las nieblas.
No te has alcanzado a despedir,
pero los verás algún día o todos los días.
Han regresado, tus muertos.
Despiertas bañado en el oro de la luz.

Anche se si possono sempre
    distinguere i loro passi,
passi tra l'ombra dell'acqua,
ci si sorprende dinnanzi ad una
    presenza a cui nulla può sottrarsi.
Eppure la consapevolezza di quella
    presenza
Dimora in ciò che resta taciuto.
Imparerai che il silenzio si fonde
Con le parole non dette.
Imparerai che nell'ora della tua morte
Un angelo tornerà a chiuderti gli occhi.
Quell'oscurità è solo un altro tipo di
    luce.
Qualcuno apre una finestra, una porta,
    un cancello …

I tuoi ospiti se ne sono andati.
Ti attendono in un paesaggio lontano
Che si muove nella nebbia.
Non hai potuto dir loro addio,
ma li incontrerai ancora un giorno o
    ogni giorno,
I tuoi morti sono tornati.
Ti risvegli bagnato di una luce d'oro.

Passeggiando dentro ad una ostinata memoria

Aldo cammina innanzi a me come un angelo custode che ti indica il cammino. Ogni suo passo lento e misurato illumina il cammino davanti a noi. Cammina in questo cimitero da più di ottant'anni. Eppure, sento che questa visita – quella che sta facendo fare a me oggi come quelle che offre regolarmente ai turisti – gli procura la stessa gioia della prima volta. Aldo

PASSEGGIANDO DENTRO AD UNA OSTINATA MEMORIA

ALDO IZZO: IL CUSTODE DELLA MEMORIA

PASSEGGIANDO DENTRO AD UNA OSTINATA MEMORIA

cammina tra le tombe con la lentezza di chi rispetta la memoria, con la parsimonia di chi non vuole disturbare i defunti di cui si prende cura e ai quali talvolta augura il buongiorno e la buonasera.

I miei piedi affondano nel sentiero stretto che attraversa il cimitero, un sentiero ricoperto di foglie secche che sognano di ritornare in primavera, foglie che amano vestire le tombe di verde, simbolo della vita. In questa parte del cimitero le tombe hanno iscrizioni in ladino, italiano, spagnolo, portoghese ed ebraico.[3] Mi soffermo davanti ad ognuna e cerco di ricostruire una storia che persino dalla pietra è stata cancellata. È arduo leggere le iscrizioni, ma Aldo le conosce tutte a memoria. Me le legge ad alta voce. Mi sento come se stessi scavando dentro alla memoria della mia gente nel cimitero. Qui la morte non ha cancellato le loro lapidi e nemmeno le loro vite perché Aldo Izzo, che ai miei occhi è un angelo, le illumina e tiene loro compagnia.

Sara Copio Sullam e la memoria della poesia

E così, arrivo davanti alla tomba di Sara Copio Sullam. Di lei ho letto, ma voglio saperne di più. Voglio pensare a ciascuna di queste persone come se stesse ancora percorrendo i canali della città. Mi chiedo chi era e cosa faceva, cosa scriveva e cosa sognava. Mi fermo davanti ad una vecchia panchina di pietra. Mentre mi riposo, l'aria si riempie del silenzio più dolce e io riesco a indovinare il suono del mare, quello del vento e quello della vita che si muove tra le tombe raccontando storie. All'improvviso penso che non può esserci morte fintanto che esiste la memoria, e si scrive delle proprie esperienze mentre si cammina in questa Venezia segnata dai ponti e dal respiro dell'acqua con le sue soffici onde che si gonfiano. E penso che forse tutti i suoi ponti potrebbero essere il Ponte dei Sospiri, forse non

---

[3] Le iscrizioni multilingui intensificano ancor di più la sensazione di disorientamento e del crogiuolo di identità di cui il Ghetto di Venezia era costituito.

sono nient'altro che percorsi minori e transitori che collegano quello spazio al nostro. Forse ogni ponte è un ritorno, un addio ...

Chiedo ad Aldo se possiamo avvicinarci un poco di più alla tomba di Sara Copio Sullam. Era una poetessa veneziana che viveva nel Ghetto della città, quello spazio chiuso dove di notte le guardie rinchiudevano gli ebrei dietro ad enormi portoni. La storia degli ebrei è sempre la stessa. Sono sempre ostracizzati e confinati. Sono destinati a vivere come Sara che scriveva dentro a quello spazio rinchiuso e che, di notte, si poteva udir cantare quando apriva la sua piccola finestra per lasciare entrare il suono dell'acqua.

Sara rappresenta quella orgogliosa e nobile presenza di donna che risiedeva all'interno del Ghetto di Venezia. Scriveva e cantava in diverse lingue: italiano, ebraico e a volte in greco. Nella propria casa custodiva anche oggetti e cose di persone importanti che si occupavano di arte. Si dice che fosse straordinariamente bella, che offrisse supporto finanziario agli armatori in cambio di lezioni e di insegnamenti sulle cose che le interessavano. Sara desiderava raggiungere un livello di istruzione maggiore di quello a cui avevano accesso le donne del tempo.

Sara era una parte essenziale del Ghetto. Viveva e creava al suo interno e lo amava, e fu lì che fu tradita da quelli che dovevano esserle amici. Per gelosia, o forse per il timore che una mente brillante come la sua generava, alcuni uomini complottarono per umiliarla e metterla a tacere. Ciò nonostante, a dispetto di un tale tradimento, il nome di Sara continua ad oltrepassare le mura del Ghetto, perpetuandone l'esistenza in uno spazio che non ha confini.

Le donne dimenticate

Mentre osservo la sua tomba, mi ricordo di lei e di tutte le altre donne che sono state dimenticate. Penso a quelle di cui nessuno parla e a quelle che hanno raggiunto grandi traguardi senza chiedere alcuna forma di riconoscimento. Penso alle donne che sono state tradite, come Sara, o che sono state oggetto di commenti maliziosi o di giudizi pregni di superstizione e ignoranza. Non occorre essere particolarmente astute per rendersi conto che le donne sono sempre state in prima linea quanto ad essere vittime di discriminazione. Nella storia di questa città, le donne ebree erano associate alla prostituzione, al decadimento morale, alla peste e alla volubilità. Nel caso delle donne ebree del Ghetto, forse venivano notate perché suscitavano la curiosità di quelli che vedevano nella loro bellezza una strana forza seduttiva che doveva essere imprigionata e resa invisibile.

Scrivere dietro ai portoni chiusi

Sara recitava e cantava e, sebbene non potesse viaggiare in senso letterale, lo faceva in senso figurato. Anche nella morte, il suo viaggio continua perché la memoria non ristagna e nemmeno si ferma. La memoria fluisce come questi canali o come un aneddoto che cambia negli anni, nello stesso modo in cui cambiamo noi quando passiamo attraverso queste acque. Ogni viaggio ci porta più vicini alla morte, nella cui immobilità ricordiamo, proprio come ricordiamo la figura di Sara, con lo sguardo rivolto al vento e alla laguna.

Fino a questo momento, la storia di Sara non mi era stata così chiara, nessuno infatti sapeva dove fosse morta e dove fosse sepolta. Ma fortunatamente per me, l'ho ritrovata in questo posto, nel silenzio eterno della morte. Quanto difficile deve essere stato riuscire a sentire le parole in maniera così profonda, scrivere del desiderio di libertà. Quanto deve essere stato difficile vivere confinata dentro al Ghetto, quando si ode l'eco delle parole, quando si riesce a sentirle. E quanto deve essere stato difficile scrivere quelle parole a mezzanotte e leggerle ad alta voce. Con la fantasia, tiro fuori un sottile libro di poesie di Sara e inizio a leggere. Il vento entra dalla laguna e porta con sé storie lontane. Una piccola foglia atterra sulle mie mani e immagino che sia Sara che è tornata.

Pietre sacre e silenziose

Oggi, in onore di Sara e di tutte le altre donne dimenticate, raccolgo delle pietre colorate.[4] "Questa pietra è per te, Sara, amica mia. Questa pietra che è stata bagnata dalle acque dei canali, che ha conosciuto innumerevoli viaggi, ritorni e partenze, inclusi i tuoi, terrà viva la memoria della tua opera e di quelle di tanti altri che si sono perdute. Lascio che questa pietra si prenda cura di te e contribuisca a farti trovare il rifugio così a lungo cercato, nel quale altri uomini e donne come te possono nascondersi dal terrore. Sarà un rifugio contro la paura e il tradimento."

Aldo si ferma davanti alla tomba di Sara e mi dice che lui ama tutte le tombe allo stesso modo e che se ne prende cura con la sua vita. Dovrò tornare molte volte per riunirmi a Sara perché i morti ci aspettano in modo che anche altri possano udire le loro voci ...

El antiguo cementerio
Me acerco para no despertarlos, a ellos, los muertos,
los que aman la permanencia de las horas,
las horas que serán después siglos,
o tal vez solo instantes cuando la memoria
fugaz los encuentra.

Me cubre un milenario ramaje,
me aguardan las piedras donde cada silencio habla.
Entro sin premura.

L'antico cimitero
Mi avvicino in modo da non svegliarli, i morti,
Quelli che amano la perennità delle ore,
ore che diventeranno secoli,
O forse soltanto secondi
Quando un ricordo evanescente li troverà.

Chiome di alberi millenari mi avvolgono come sudari,
Pietre mi attendono laddove ogni silenzio parla.
Entro senza fretta.

---

4 La natura durevole delle pietre forse serve a simboleggiare ulteriormente questa comunità, risoluta nella sua fede, devota nella vita e nella morte. Rendendo il rispetto dovuto, non solo vengono riconosciuti i contributi dati in vita, ma anche la forza che scaturiva dall'apparentemente semplice atto quotidiano del vivere la propria fede ebraica.

La maraña de los árboles custodia mis pasos. Entro por los siglos, los recorro sin prisa. Soy sol y agua, memoria y piedra. Leo los nombres borrados, igual los siento … están. Nos esperan. Saben aguardar. Las tumbas inclinadas piden caricias. Estoy yo aquí entregada a las encrucijadas, a la efímera distancia entre la vida y la muerte. De pronto los gatos de Venecia maúllan. Todo es un tejido de historias, un rumor de voces, un susurro. Tal vez son ángeles los que custodian mis pasos y los sagrados umbrales de la casa de la vida.	Il groviglio di alberi fa da riparo ai miei passi. Entro nei secoli, Li attraverso senza fretta. Sono sole ed acqua, Memoria, e pietra. Leggo i nomi sbiaditi, Li accarezzo … Sono qui. Ci aspettano. Sanno attendere. Le tombe sporgenti chiedono di essere accarezzate. Sono qui, affezionata a questi incroci, Alla effimera distanza tra vita e morte. All'improvviso i gatti di Venezia cominciano a miagolare. Ogni cosa è una trama di storie, Un mormorio di voci, Un sussurro. Forse sono angeli Che proteggono il mio cammino E le sacre ombre Della casa della vita.

L'angelo delle ceneri

In questa città, Aldo non è solo un guardiano di cimiteri, ma anche il custode della cultura ebraica veneziana e la maggior parte delle persone, se non tutte, che vivono qui lo chiamano affettuosamente l'angelo delle ceneri. Credo che le ceneri che ancora aleggiano sopra la nostra memoria appartengano a coloro la cui vita è terminata ad Auschwitz. Tutta l'Europa potrebbe essere un campo di cenere. Dicono che la tradizione ebraica non consenta il funerale a chi è stato cremato, permettendone però la sepoltura; così è Aldo che prega per loro e canta silenziosamente in modo che tutti quelli che arrivano al suo cimitero trovino la pace. Aldo accoglie tutti con il suo cappello da marinaio in mano e un sorriso che illumina sia i vivi che i morti. Aldo Izzo, l'angelo delle ceneri che vengono riaccese nel buio della notte.

El ángel de las cenizas
Se acerca la hora ...
La esperábamos desde que aprendimos
del arte de nacer y del vivir.
Es esta hora tal vez color violeta
o el color de la luz errante
que recién aprendes a reconocer ...
A pesar de lo impredecible,
de la fragilidad y la alegría,
el mundo te maravilla,
pero sabes que viajarás a otro país,
el que está a la otra orilla del mar de un
    norte lejano,
el mar de las cenizas ...

Nada y todo te aguarda.
Alguien te esperará con un racimo de
    luz y uvas.
Perderás la geografía de tu cuerpo,
pero no la ilusión de cuánto amaste en
    él.
Verás el rostro de tus padres,
lo que en todas las piezas oscuras han
    velado por ti
y te acomodarás a la quietud,
al reposo silencioso y a las horas sin
    horas

L'angelo delle ceneri
L'ora si avvicina ...
La attendiamo da quando abbiamo
    appreso
L'arte di nascere e di vivere.
È forse quella l'ora di color violetto,
oppure del colore di una luce errante
che hai imparato recentemente a
    riconoscere ...
Nonostante la sua imprevedibilità,
La sua fragilità e la sua gioia,
Il mondo ti dà gioia,
Anche se sai che viaggerai verso una
    terra diversa,
Quella che si trova sull'altra riva del
    mare di un nord lontano,
Il mare delle ceneri ...

Niente e tutto ti attende.
Qualcuno ti darà in dono un grappolo
    di luci e d'uva.
Dimenticherai la geografia del tuo
    corpo,
ma non la sensazione di quanto hai
    amato dentro ad esso.
Vedrai i volti dei tuoi genitori

como eran las horas antes del nacer ...	Che in tutti i luoghi oscuri hanno vegliato su di te,

Te esperan los ángeles de las cenizas,
los ángeles de la intermitente memoria,
la vida que nada oculta,
la muerte que todo lo sabe y es una amiga fiel.
A tu alrededor el viento y las alas de los ángeles
con sus rostros infinitos,
con la luz encantatoria de sus miradas.

e ti adatterai all'immobilità,
al silenzioso riposo ed alle ore oltre alle ore,
come le ore prima della nascita ...

Gli angeli della cenere ti attendono,
Gli angeli dalla memoria intermittente,
Della vita che non oscura nulla,
della morte che conosce tutto ed è un'amica fedele.
Attorno a te il vento e le ali degli angeli
Con i loro volti infiniti,
con la luce incantatrice dei loro sguardi.

Un addio carico di incertezza

Dico addio ad Aldo con una tristezza che nasce dall'incertezza di non sapere se lo vedrò ancora. Mi racconterà altre storie sul cimitero, su coloro sui quali veglia con tanta cura in questo posto? Mi racconterà la storia di quelli che da secoli riposano qui e che ora sono sotto la sua tutela? Penso che quando tornerò a Venezia, la pioggia non sarà più la stessa, così come non saranno le stesse le persone che guardano furtivamente da dietro le finestre di antichi palazzi.

Durante il mio viaggio ho imparato l'importanza dell'empatia, del non temere la solitudine dei giorni e delle notti, e o anche imparato che l'atto di occuparsi del cimitero significa salvaguardare la memoria di una cultura. Infatti Aldo, l'Angelo delle Ceneri, è per me l'angelo della nostra memoria e quando mi tornano alla mente le nostre passeggiate lungo le gallerie del cimitero, mi ricordo sempre il sorriso generoso del nocchiero che conduce – senza chiedere o ricevere nulla in cambio – quello che resta di una comunità che sta pian piano scivolando via attraverso la grande laguna del Lido.

Le verità della pandemia

Dopo il mio viaggio del 2019, non sentii Aldo per diversi mesi. Mi confortava pensare ai suoi occhi pieni di luce nonostante avesse visto la morte da vicino così tante volte. L'immagine di Aldo che ci aspettava all'entrata del cimitero è diventata di vitale importanza per me. Ho continuato a ritornarci come si ritorna a Venezia nei propri sogni.

A Marzo 2020, l'epidemia ha colpito il mondo intero con una crudeltà che non avevamo più provato dopo l'influenza spagnola del 1918-1920. Il Covid-19 è diventata una forma di contagio che ha messo a nudo tutte le ineguaglianze materiali che ancora, nonostante i progressi tecnologici, non eravamo stati in grado di sconfiggere. La povertà e la fame erano evidenti a tutti in questo pianeta, ed eravamo pieni di dubbi e incertezze durante i vari lockdown. Anche il nostro modo di rapportarci agli altri è cambiato, così come i sentimenti e il linguaggio stesso.

Nonostante l'incertezza creata dal virus, alcune cose potrebbero in realtà aver beneficiato dal periodo di confinamento. Per esempio, Venezia è tornata ad essere come quella delle cartoline, come le grandi nuvole sopra l'Adriatico sono tornate alla grande laguna. I social media proclamavano il ritorno di cigni e delfini nei canali, il che non era vero, anche se l'assenza delle imbarcazioni in laguna ha reso l'acqua molto più limpida.

Durante il lockdown, la gente cercava rifugio nei libri e forse molti di noi si sono messi alla ricerca della parte più nascosta della loro anima. È un tempo che ha segnato un nuovo modo di vivere nel mondo, di ripensarlo e di immaginarlo. Ad uno scrittore è familiare vivere in solitudine immaginativa. Ciò nonostante, l'impossibilità di avere contatti diretti con il mondo ha avuto un impatto su tutti noi.

Durante il lockdown, pensavo spesso ai miei cari sparsi nel mondo, specialmente quelli molto lontani. Tutti eravamo uniti di fronte al dolore e all'ansia. Poi pensai ad Aldo, volli scrivergli per sentire come stava. Nonostante la distanza fisica tra noi, sono sempre tornata a Venezia per parlargli, a quella ineffabile Venezia che viene e va tra i ricordi e che si avvicina sempre più nella mia mente.

Quando ripenso al periodo di isolamento, mi è difficile immaginare Venezia dietro a delle porte chiuse perché, nella mia esperienza, l'immaginazione sgorga liberamente in quella città.

All'inizio, le mie comunicazioni con Aldo consistevano solo in brevi email. In seguito, quando la nostra corrispondenza divenne più intima e frequente, trovai il coraggio di chiedergli se potevo scrivere un libro su di lui. Acconsentì e ne è stato da allora molto entusiasta. Mi chiede spesso notizie di come progredisce:

> *Mia carissima Marjorie, Shabbat shalom! Mi fa molto piacere che il libro progredisca e che tu stia scrivendo con tanta dedizione, passione e amore. Sogno il giorno in cui lo avrò tra le mie mani ...*

Non sono certa che questo libro sarebbe stato realizzato in questo modo, se non fosse stato per la pandemia. Certamente, sarebbe stato più semplice andare a Venezia con un registratore e fare direttamente delle domande ad Aldo, invece il flusso del tempo della pandemia mi ha dato la possibilità di visualizzare e creare questo testo multiforme che contempla una vita dedicata al bene comune, una vita piena di sfumature e complessità. La pandemia mi ha insegnato che, in momenti di isolamento estremo, può fiorire la creatività, come è successo in passato nel Ghetto di Venezia.

Un nuovo incontro con Aldo

Fu grazie alla mia corrispondenza con Aldo durante la pandemia che iniziai a conoscerlo meglio. La sua biografia mi divenne più chiara mentre ci scrivevamo quasi ogni giorno e potevo domandargli tutte le cose che mi erano venute in mente dal nostro primo incontro in persona nel 2019.

Aldo mi disse che era nato a Venezia il 28 agosto del 1930. Sua madre era ebrea, mentre il padre no. Mi disse che aveva un fratello, Alberto, ma non aggiunse molto di più di questo se non il fatto che gli piaceva giocare con lui. Talvolta ho l'impressione che la narrazione di Aldo si interrompa, forse perché le parole sono incapaci di esprimere tanta sofferenza. Penso che dovrei probabilmente addentrarmi in territori dimenticati che il mio amico ha tentato di lasciarsi alle spalle. È come se Aldo a volte volesse sparire per un secondo dall'orizzonte ricreato dalle mie domande. Una volta mi ha scritto:

E' bello ricordare le cose meravigliose come fai tu. Io ... al contrario faccio molto meno. Io temo di avere un ricordo più nitido delle ingiustizie e dei torti che ho subito ...

Nel tempo, ho scoperto altre cose come, per esempio, il fatto che nel 1937 la famiglia Izzo era in Danimarca in quanto il papà di Aldo era un illustre professore di italiano all'Università di Copenaghen. Tuttavia i danesi, che hanno sempre accolto gli ebrei con grande apertura, non furono in grado di impedire il rientro della famiglia Izzo in Italia in seguito alle leggi razziali di Mussolini.

Da Copenaghen a Venezia, la vita cambiò in un istante. Tutto a Venezia cambia in un istante ...

A dire il vero, Marjorie, mio padre era un famoso studioso di lingua e letteratura inglese, e conosceva molto bene anche la letteratura italiana. Da quell'eccellente umanista che era, odiava tutto ciò che era legato a Mussolini e al sorgere del suo rozzo fascismo. Al tempo, fece domanda al Ministero della Cultura Popolare per ottenere un posto da insegnante all'estero. Insegnare fuori dall'Italia rappresentava indubbiamente una possibilità d'oro per fuggire dalla barbarie, dalla pazzia ... e mio padre naturalmente non voleva sprecare una tale opportunità. La sua reputazione gli premise di assicurarsi un posto all'Università di Copenaghen nel Dipartimento di Lingua e Letteratura Italiana. Partimmo per Copenaghen nel giugno del 1937. Tuttavia, nel settembre del 1939, il governo fascista ci ordinò di tornare in Italia in quanto accusati di essere ebrei ...

Le leggi razziali imposte da Mussolini, un complice del Reich, furono tanto brutali quanto quelle della Germania nazista.

Mentre scrivo queste parole, mi viene in mente il romanzo di Giorgio Bassani *Il Giardino dei Finzi-Contini* e l'adattamento cinematografico che ne fece Vittorio De Sica nel 1970, in cui si racconta la storia di due famiglie ebree, la storia di una coppia che vive confinata in un palazzo a Ferrara e verrà in seguito deportata ad Auschwitz. Penso ad una scena in particolare che potrebbe ben adattarsi a tante altre scene della storia del mio popolo, una delle più commoventi nella storia della persecuzione nazista: un gruppo di ebrei attende il proprio destino a Ferrara, un destino che per loro poteva essere incerto al tempo, ma che come ben sappiamo avrebbe avuto un epilogo certo e tragico. Giovani, vecchi e bambini, ... nessuno sarà risparmiato dalla morte, dalla follia e dall'odio.

Il fascismo e l'Olocausto

Il popolo ebraico, antico e saggio, interpreta la propria storia in vari modi. Rabbi, poeti e storici hanno provato ad affrontare, come ho fatto anch'io modestamente, il problema, unendosi ad altri pensatori per contribuire con il proprio piccolo granello di sabbia alla conversazione. Il filo che unisce la mia gente è quello della memoria, che è persistente e tenace.

La Shoah è considerata l'episodio più tragico della storia del popolo ebraico, che è stato assediato da innumerevoli tragedie. In quel tempo fu fatto un enorme sforzo per eliminare tutti gli ebrei dell'Europa, e ogni nazione rispose in maniera diversa a tale evento. Nei diari di Yad Vashem a Gerusalemme si dice che il diciassette per cento degli ebrei italiani morì durante la Shoah. Un dato straziante, ma è importante notare che un numero significativo di ebrei italiani fu salvato dalla gente – alcuni con intenti nobili altri più opportunistici – che li nascose. Altre nazioni furono pronte a tradire la popolazione ebraica residente nei propri paesi, ma l'Italia non ha avuto la stessa tradizione antisemita di Austria e Germania, nonostante convivesse con una legislazione antisemita.

Per quanto mi riguarda, le mie conversazioni con Aldo sulla Shoah mi portano dritte alle parole essenziali di Primo Levi, che continuò sempre a chiedersi come una tale catastrofe avesse potuto compiersi. Come è stata possibile una tale crudeltà? È a queste parole che Aldo e io torniamo sempre, come se l'orrore prevalesse ancora, anche oggi.

Nella storia del popolo ebraico l'Olocausto, e l'eccidio di sei milioni di ebrei, continua a lasciare un marchio indelebile e delle cicatrici permanenti attraverso le generazioni. Aldo ha vissuto lungo quel tempo oscuro e crudele della storia dell'umanità. Lui e la sua famiglia rimasero nascosti per più di un anno nella casa di una insegnante di scuola superiore. Fu allora che Aldo e suo fratello, Alberto, decisero di creare un cimitero per animali. Forse, le circostanze che circondavano la sua origine, forgiarono l'altro nome che Aldo ora usa per il cimitero di cui si occupa: La Casa della Vita.

Per leggere questi ricordi d'acqua (in altre parole la vita di Aldo), è necessario oltrepassare le soglie della sua esistenza, visitare il cimitero (la parte vecchia e la nuova) che custodisce con tanta cura, ricreare la sua vita e il viaggio che fece con i suoi genitori in Danimarca, così come il suo isolamento durante l'Olocausto. Oltre a ciò, per poter penetrare dentro alla sua vita, occorre conoscere il valore della libertà, la stessa che provò quando lavorava in mare e, dopo il suo ritorno, per servire la propria comunità.

Cara Marjorie. Mio padre, Carlo Izzo, mia madre, Lia Ravenna, mio fratello, Alberto, e io andammo in Danimarca nel giugno del 1937. Tornammo in Italia nell'ottobre del 1939. [...] Rimanemmo nascosti tra il settembre del 1943 e il 31 dicembre 1944. Nel 1947, lasciai la scuola superiore tradizionale che stavo frequentando e andai invece all'Istituto Nautico...

Aldo parla molto poco del tempo traumatico della Shoah. Non nega che sia successo, ma non gli permette di controllare la sua vita, anche se dentro di lui è sempre presente. Il tempo del fascismo di Mussolini in Italia fu indubbiamente il momento in cui Aldo sentiva un fervido desiderio di scappare, viaggiare, prima che la tristezza prendesse il sopravvento. Ed anche se la scuola finì ad un dato momento, le persecuzioni continuarono.

Aldo, la voce della storia e della memoria

Mentre leggo i messaggi di Aldo, me lo immagino al Lido mentre guarda verso l'orizzonte e le stelle sopra l'Adriatico, un mare che, nonostante la calamità della pandemia, ha un aspetto maestoso e limpido. Così, mentre l'acqua restituisce ogni cosa che viene e che va, Aldo riemerge dal passato come uno di quei grandi personaggi veneziani che la storia si è dimenticata di riconoscere.

Fin dalla prima volta in cui lo incontrai, ho avuto la sensazione che sarebbe stato lui la chiave per la comprensione di Venezia, la Venezia che ha sepolto delle storie, che nasconde il tempo del giorno e della notte, la città che scompare dietro la nebbia che l'Adriatico fa entrare all'alba. Parlare di Aldo significa entrare nel cuore della vecchia comunità ebraica.

> *Proprio così, Marjorie, è una delle più vecchie, ma non è la prima, perché, da quel che capisco e naturalmente da come viene riportato negli annali della storia, Roma ha avuto la prima comunità ebraica e altri fratelli ebrei si stabilirono in Sicilia più tardi. Quindi queste comunità sono molto, molto più vecchie di quella veneziana. In realtà, a Roma c'erano ebrei sin dal 300 prima di Cristo…*

Passeggiando per le strade di Venezia con Aldo, di persona o attraverso le sue lettere, è facile scoprire miriadi di storie, alcune che sono familiari altre che sono rimaste nascoste per anni. Gli chiedo di raccontarmi quelle storie, cosa che lui fa con grazia, pazienza e saggezza. Ed io penso che forse prendersi cura dell'antico cimitero richiede il dono della pazienza.

Per me, Aldo è una figura stupefacente, una persona piena di umiltà che vive in mezzo ad una comunità ebraica che, come tutte le altre comunità, ha talvolta alcune frizioni e disaccordi. Quando finalmente tornò in quella comunità dopo tutti gli anni trascorsi in mare, scoprì che sebbene fosse diventata persino più piccola, nel suo cuore aveva continuato a crescere grazie all'incrollabile altruismo che lo contraddistingue tuttora.

Foglie di vita e di morte

Man mano che la nostra amicizia cresceva, le nostre conversazioni triviali e formali iniziarono a trasformarsi in chiacchierate essenziali nelle quali, oltre a discutere le nostre esperienze più importanti, abbiamo affrontato il tema della morte in tutte le sue dimensioni, compresa la morte di coloro di cui si prende cura Aldo al cimitero, molti dei quali vi arrivarono ben prima che lui nascesse.

Venezia rappresenta la storia di ciò che era nascosto e che si è reso visibile, la storia di personaggi che sembrano parole che una volta pronunciate fanno maturare i pensieri per poi svanire, come le foglie che ricoprono i sentieri del cimitero ebraico. Nella Bèd a haìm, ogni foglia è una vita nascosta, un ricordo che viene comunque recuperato grazie al dialogo che, da questo angolo di realtà, Aldo intrattiene con ogni defunto.

Le sue parole sono un talismano che trattiene per le spalle i defunti del mio popolo che precipitano nel vuoto, li toglie all'oblio. Immagino che per loro Aldo sia una presenza di realtà aumentata, il nocchiero di una imbarcazione che ondeggia pazientemente in un oceano di incertezza, diventando per noi – sopravvissuti, approdati su questa riva da altri tempi – lo spirito della città. Sono certa che Aldo sia contemporaneamente la città di Venezia e il cimitero del Lido.

La laguna manda bagliori lucenti in lontananza, mentre Aldo dà il benvenuto a tutti, nella pace che meritano coloro che probabilmente vivono in mezzo alla nebbia e all'incertezza. Penso al cimitero ebraico dove gli ebrei veneziani trovavano finalmente pace dentro alla foschia che dissolve i corpi e li mescola nell'orizzonte e nel tempo.

Gli ebrei veneziani

La maggior parte degli ebrei veneziani arrivarono via terra. Venivano dalla Spagna, Turchia, Germania e dagli innumerevoli bacini del Mediterraneo, alcuni alla ricerca di un rifugio, altri di tolleranza religiosa. Arrivavano straripanti di storia e schiacciati dalla solitudine. Gli ebrei che non erano sefarditi avevano pochi beni che potessero aiutarli a sopravvivere durante il viaggio, proprio come i rifugiati di oggi. Sembra quasi che si tratti di un pellegrinaggio che tutte le genti ebraiche hanno nel sangue, una caratteristica della nostra cultura e della nostra specie.

Mentre redigo questo testo, penso alla difficoltà e alla infinita tristezza di cui è intriso l'atto del ricordare il tempo in cui eravamo alla mercé delle politiche di sterminio. Talvolta, forse per indolenza, non riflettiamo su quanto fortunati siamo a vivere in un tempo relativamente benevolo, rispettoso e – si potrebbe persino dire – compassionevole. Forse per convenienza o abitudine, dimentichiamo di pensare a come l'armonia che osserviamo quando guardiamo fuori dalla finestra o per la strada., possa cambiare in un istante.

Il nascondiglio durante la Shoah

In una delle mie lettere chiesi ad Aldo: *Mi diresti qualcosa in più su dove voi tutti stavate quando siete tornati a Venezia?* So che gli sto mettendo un po' di pressione perché non mi risponde subito. Ma poi, un giorno, ho trovato un nuovo messaggio nella mia casella di posta. È di Aldo.

Sai, Marjorie, ragazza curiosa …

Mentre leggo, penso alla mia curiosità e sorrido divertita:

Dov'ero? Mio fratello e io eravamo molto giovani. La mia insegnante e sua sorella, entrambe zitelle, ci hanno nascosto nella cantina della propria casa. Ci hanno accolto e protetto. A dire il vero, per essere onesti, ci hanno salvato la vita mettendo a rischio la propria. Questo è quello che tengo maggiormente a mente. Mi ricordo anche quanto mi sentivo triste a non poter giocare con mio fratello. Non abbiamo potuto giocare per anni, nonostante giocare sia una cosa così semplice e normale ...

Lo immagino mentre indica le case veneziane scrivendo ...

Ti ricordi come sono? Arrivano fino a terra, fatte di mattoni spessi, e sono profonde, con pochi alberi. Non ci sono molti posti dove nascondersi e ancora meno dove vagare, sono così piccole ...

Allora penso ad Aldo e a suo fratello, Alberto, che dovevano strisciare per la casa in modo che nessuno dall'esterno potesse vederli. Aldo ritorna nei corridoi, nelle stanze e nella cantina di quella piccola casa ogni volta che parla del suo rifugio d'infanzia. Curiosamente, non mi racconta nulla dei suoi genitori durante quel periodo. Sembra che ci siano degli argomenti che non vuole affrontare.

Sebbene Aldo mi dica talvolta che Venezia è una città fatta di pietre e pochi alberi, io direi che ogni cosa a Venezia irradia vita e questo fatto si riflette nella generosità degli abitanti della città. Forse è per questo che molti ebrei italiani furono salvati dalla bontà dei Cattolici che vivevano lì, come l'insegnante e sua sorella che nascosero la famiglia Izzo.

Immagino che la casa dell'insegnante di Aldo abbia occhi solo verso l'interno, perché nulla possa essere visto da fuori. Fuori, le ombre vagano nelle strade desolate con i loro passi insistenti, continui e ripetuti. Mi sembrava che, mentre erano nascosti, Aldo e la sua famiglia avessero potuto abbracciare la vita immaginando tempi migliori, ma Aldo sembra sconfessare questa mia opinione quando mi parla di un futuro radicato nel passato che mai cambierà.

Mia cara Marjorie. L'Europa e il mondo non hanno vergogna. L'Europa ancora non è soddisfatta del danno fatto agli ebrei. Potremmo iniziare dall'Imperatore Tito, ma non importa. Pensa alle atrocità, alla tortura, agli "autos-da-fé" della cosiddetta "Sacra Inquisizione" in Spagna. Pensa alle atrocità dei pogrom. Pensa ai sei milioni di ebrei sterminati da nazisti nei campi di sterminio. No, ma non sono ancora soddisfatti. Primo, abbiamo ucciso Gesù Cristo. Deicidio! Poi "la razza", e ora Israele. Se ci fai caso, cambia l'etichetta, ma il contenuto della bottiglia è sempre lo stesso. Perché? Se dovessi combattere con tutti i Cristiani e i Musulmani d'Italia, sarei solo contro così tanta gente. È facile, così facile perseguitare a piccola minoranza di gente che è "diversa". La differenza preoccupa solo la gente ignorante. Siamo diversi? Dimmelo tu perché io non credo che lo siamo...

Domande intrecciate

Con Aldo, torno sempre alle domande difficili, quelle complicate profonde, quelle a cui è complesso rispondere; domande che hanno a che fare con l'imponderabile o con eventi che nessuno vuole rivisitare.

> Carissima Marjorie. Rileggo le tue domande. Mi sembra che in tutto ciò che ho scritto, le risposte si possano trovare tra le righe... oggi i cimiteri hanno riaperto, ma con moltissime restrizioni. Ho molto da fare. Tornerò ad occuparmi della mia storia il prima possibile...

Rispondere a tali domande significa richiamare alla memoria eventi traumatici, visitare luoghi della nostra mente dove il dolore e la tragedia vagano comodamente, luoghi della nostra storia dove la pazzia e l'odio distorcono tutto ciò che diamo per scontato, sia la civiltà che la sua non così distante controparte: la barbarie. Luoghi in cui la linea che divide i due concetti risulta alle volte ben chiara, in altre oscura, in cui tutto diventa caos, pazzia e tristezza. Luoghi in cui regna la disumanizzazione delle comunità, dove informatori e salvatori convivono in una città che non si ferma mai, dove tutti potenzialmente potrebbero tradire i propri fratelli per poter sopravvivere. Aldo una volta mi ha scritto:

> La natura umana non cambia. Credevo che dopo le orrende atrocità della Seconda Guerra Mondiale saremmo stati sazi di guerre. Ma così non è

> *stato. Pensa a quel che è successo trent'anni fa in Bosnia e a quel che sta succedendo oggi in Ucraina. Persino Hakadosh Baruch Hu (il Santo Benedetto) è riuscito a far accadere il diluvio ...*

Un giorno quando gli ho chiesto ancora una volta perché avesse deciso di diventare il custode del cimitero, ecco che mi ha risposto:

> *Mia cara Marjorie, ho vissuto tutta la mia vita al Lido, e questo è il luogo dove [rivivo] il ricordo di chi era mio fratello, è così naturale che io diventassi il custode ...*

Per dei bambini ebrei durante l'Olocausto, il cimitero era il luogo in cui potevano andare a giocare in pace, senza essere perseguitati. Aldo mi dice che prima che la sua famiglia fosse costretta a nascondersi, era il solo posto in cui si sentiva libero e felice. Con il passare degli anni, e al ritorno dai suoi viaggi per mare, pensò che doveva badare al cimitero ebraico del Lido e partecipare così ad una delle responsabilità più nobili del popolo ebraico: la sepoltura dei morti. Il Talmud dice che questo atto è così nobile perché non se ne può avere nulla in cambio, i defunti non possono restituire il favore.

Mentre scrivo di Aldo, rivedo la sua infanzia e l'antico cimitero del Lido dove lui e il fratello Alberto erano liberi e si sentivano sicuri tra i morti.

Alberto y tú
seguros en el cementerio
donde nadie los perseguía,
donde jugaban con el tiempo
y el inmenso silencio de los que ahí
    reposaban.
	Alberto e tu
	Al sicuro nel cimitero,
	Dove nessuno vi dava la caccia,
	Dove giocavate con il tempo
	E l'immenso silenzio di coloro che vi
	    riposavano.

Encontraban un enjambre de memorias, de vidas truncada y victoriosas, y entre las tumbas inclinadas con los nombres en sepia,	Trovasti uno sciame di ricordi, di vite spezzate e vittoriose, E tra le tombe chinate dai nomi color seppia,

DOMANDE INTRECCIATE

cada vida emergía con esplendor mientras que tu voz y la de Alberto se oían entre las brumas más allá de todas las memorias.	Ogni vita risorgeva con splendore mentre la tua voce e quella di Alberto si udivano nella nebbia al di là dei ricordi.
Reían y atrapaban luciérnagas en este reino pausado donde todo era posible y los que dormían escuchaban.	Ridevate e cacciavate libellule In quel regno silenzioso Dove tutto era possibile, Ascoltati da quelli che lì riposavano.

Le barche della morte

Ora sto immaginando la parte più vecchia del cimitero del Lido, quella che risuona maggiormente nella mia storia sugli ebrei veneziani. La immagino attraverso le stagioni, in autunno, quando bagliori di sole raggiungono le foglie, quando la luce dorata rivela i nomi incisi da secoli sulle tombe, riportandoli in vita. Lentamente il sole riporta quei nomi dimenticati dal regno dei morti e il sogno che Aldo faceva con suo fratello si avvera mentre nei sentieri del cimitero immagino bambini che giocano – cosa che Aldo e Alberto non potevano fare nella casa dell'insegnante che un giorno salvò loro la vita.

In un tempo lontano, si dovevano usare dei barconi per trasportare gli ebrei veneziani dal Ghetto al cimitero del Lido, dove viveva la maggior parte di loro. Immagino i suoni della morte, i passi attorno alle bare. I defunti facevano quel viaggio al tramonto? Chi si occupava di loro? Che succedeva se le porte del Ghetto erano chiuse? Chi aspettava con le bare? Queste sono le domande che pongo a me stessa ad alta voce. A volte condivido questi pensieri con Aldo e mi dice che, con l'aiuto del nostro Dio miracoloso, i defunti riuscivano ad attraversare la grande laguna in modo che qualcuno potesse prendersi cura di loro sull'altra sponda. Erano forse gli angeli perduti di Venezia? Penso a loro e a come viaggiarono verso la terra dei morti.

Yom Kippur durante la pandemia

È il sabato notte prima di Yom Kippur. A Venezia, quei giorni vengono vissuti con meraviglia e una certo timore per via della solennità dell'occasione. È il giorno in cui perdoniamo quel Dio che oscilla tra presenza e assenza, come la memoria dei morti e dei vivi. La notte ci sorprende per la brillantezza della luna e la sua bellezza. Mentre la ammiro, immagino che, in questo momento, Aldo si stia affrettando verso il cimitero con la sua bicicletta alata, come se stesse consegnando messaggi ai defunti che sono lì da secoli. A Venezia, però, il tempo non viene misurato da quei calendari logori che ricordano le vecchie foto di famiglia color seppia. Il tempo si misura in base agli eventi più importanti che vengono conservati con nastri colorati e che sono come linee incerte e intercambiabili, come il moto delle onde della grande laguna. Mi chiedo come sarà questo Yom Kippur, quello che cade durante il lockdown. Di sicuro, è un diverso tipo di prigionia rispetto a quello cui erano soggetti i sudditi veneziani che venivano perseguitati e che dovevano nascondersi. Chiedo ad Aldo come se la sta cavando con questo isolamento, quello attuale, e mi dice "più liberamente che mai", perché nessuno mi sta perseguitando e nessuno mi da' la caccia.

Le feste sacre

In questi giorni di *Roch Ashah*, le più importanti festività ebraiche, penso ad Aldo, il custode della memoria e l'angelo delle ceneri. Lo immagino mentre spiega le due enormi ali della sua bicicletta e corre nel cielo del Lido diretto verso il cimitero dove ogni giorno bagna i fiori che ornano le tombe. Nonostante la morte, la vita ci permette di raccontare storie e io immagino Aldo che si avvicina ad ogni tomba e sussurra ai defunti che i loro nomi sono stati scritti nel Libro della Vita.

Quest'anno, nel giorno molto speciale di Kippur, il 28 settembre, Aldo mi ha detto che ha preso il vaporetto presto e poi ha camminato fino alle porte, che ora sono aperte, del Ghetto. Le ha oltrepassate molte volte in passato, percependo il vagabondare dei defunti che tornano nella nostra memoria in queste feste, soprattutto nel giorno del perdono, che è anche il giorno del ricordo. Durante la pandemia, la gente pregava in una delle più belle sinagoghe d'Italia e forse del mondo, la Levantina, che fu costruita nel sedicesimo secolo dai, e per, gli ebrei sefarditi provenienti dai Balcani e dall'impero ottomano (dopo essere stati espulsi dalla Spagna nel 1492). È in legno scolpito, ci sono fiori e grandi finestre che illuminano l'interno del tempio.[5]

Sembra che Venezia esista soltanto quando qualcuno la desidera, la ama; è come se un pittore l'avesse dapprima decorata e poi spogliata da ogni orpello, o un poeta ne avesse scritto per poi lasciarla svanire nelle increspature dei suoi canali. Gli orologi si fermano, la città si inventa un tempo proprio. All'improvviso, in lontananza, quando niente e nessuno può interrompere i messaggi della sua morbida luce, si può udire il suono di un solitario Shofar liturgico, un corno che emette un lungo lamento che annuncia l'avvento di Rosh Ha Shanah in qualche incantevole calle veneziana.

---

[5] Gli ebrei levantini (sefarditi) poterono contare su ricchezze sufficienti a costruire una sinagoga, un edificio che non occupava i piani più alti, ma era comunque autonomo, una testimonianza durevole della fermezza della loro fede e delle loro risorse (*Venezia Ebraica*). La sinagoga è ancora lì oggi e accoglie i visitatori nel rosso e nell'oro dei suoi interni mozzafiato. La *bimah* in legno, o pulpito, assieme alle decorazioni in legno scolpito che adornano il soffitto, rinforzano ulteriormente l'idea della presenza degli ebrei che si stabilirono qui più di cinquecento anni fa (Calimani, pag. 134). L'atto potente dello scolpire il legno evocava la fermezza della dedizione e dell'attaccamento alla loro ideologia.

Il tempo del mare leggiadro

Mi domando come facevano i turisti a misurare il tempo prima della pandemia quando potevano girare frettolosamente per la città. È la velocità caratteristica della nostra moderna, breve capacità di mantenere l'attenzione che ci impedisce di catturare l'esperienza se non con l'immediatezza di una foto digitale? Niente a Venezia dovrebbe essere troppo fuggevole e veloce, fatta eccezione per il ritmo dei funerali che partono dal Ghetto all'alba. Dopo il riposo notturno che accompagna i corpi in un altro regno, il ricordo dei giorni diventa intermittente in questa città, proprio come le maree che tutte le mattine portano con sé aromi, soprattutto dopo Yom Kippur, quando Hashem, in base ai precetti ebraici, scrive gli esseri umani nel Libro della Vita. Poi inizia Sukkot. È una celebrazione nella quale gli stranieri sono invitati a trascorrere sette giorni in una sukkah, una casa senza tetto fatta di rami e mura delicate, in modo da poter essere più vicini alle stelle.

Convivendo con l'assenza

Nei suoi messaggi durante le Festività Ebraiche, Aldo mi parla per la prima volta di sua moglie. All'inizio della nostra corrispondenza, mi aveva detto che era morta un paio di anni prima, e niente più. Gli chiedo come celebra Sukkot durante la pandemia, e lui risponde che festeggia ricordando sua moglie, che si dedica soltanto al ricordo di lei, al pensarla. Dice che si siede fuori, nella terrazza dove erano soliti sedersi assieme. Aldo convive con l'assenza della moglie ogni giorno. Eppure, la sua memoria lo mette in collegamento con gli oggetti che condividevano e nonostante il trascorrere del tempo – che fa sprofondare anche i palazzi – quegli oggetti continuano ad essere presenti come gli orologi di Piazza San Marco, che segnano il passare delle ore. Fuori, il giorno e la notte legano le stagioni l'una all'altra.

La marea sale e scende tante volte quante sono le lingue parlate in questa città vicina alla luna che ne illumina i palazzi e le cupole d'argento.

All'età di novant'anni, nella vita di Aldo è successo qualcosa, un regalo colmo di ricordi, per lo più quelli che gli permettono di rivivere con la sua gente le festività, quelle ebraiche che, nonostante l'esiguo numero di ebrei che vivono oggi in città, gli donano una grande gioia. Aldo sta seduto nella grande terrazza che si affaccia sul Lido e ricorda. Grazie all'arte del ricordare, la sua mente produce immagini, un altro modo di vivere l'esperienza della città di Venezia. Mentre osserva la laguna, mi racconta che alle volte pensa e ricorda la sua adolescenza:

> *È stato un tempo puro, molto diverso da quello in cui viviamo ora. Magari un bacio in vaporetto o un abbraccio per salutare la propria amata…*

E poi mi racconta del primo incontro con la moglie:

> *Dopo la Guerra, molti rifugiati provenienti dalle colonie italiane dell'Africa orientale, dall'Istria e dalla Dalmazia (territori che gli alleati avevano tolto agli italiani per darli alla Jugoslavia) vennero a vivere al Lido. Tra loro, vi erano ragazzi e ragazze … e tra esse una ragazzina di quattordici anni e mezzo. Io ne avevo diciotto e mezzo. Era il 21 marzo del 1949. Nacque tra noi una storia molto casta, come si usava a quei tempi. Poi mi imbarcai, per lavorare, e perdemmo i contatti … mi chiedi perché scelsi di tornare a lavorare in mare allora? Come ho già detto, più che una scelta, si trattò di una fuga, un desiderio urgente di cambiare vita. Non mi piaceva il Lido allora; non avevo amici. Ma la ragione principale era la differenza abissale di mentalità e comportamento che esisteva tra i miei compagni di liceo e me. Per prima cosa, avevano ancora nostalgia del nazi-fascismo, e io ovviamente no. Forse anche perché Lido è una piccola isola e io volevo fuggire e vedere il mondo. Anni dopo, nell'ottobre del 1956, ci siamo ritrovati. Avevo ventisei anni e lei ventidue. Ci siamo sposati il 10 febbraio del 1958…*

Da allora, per decenni, Aldo e la moglie hanno celebrato Sukkot con gli amici che invitavano a pranzo e a cena. Forse è vero che i tempi erano più felici in quei giorni.

Mia carissima Marjorie. Ieri era Shabbat e anche il primo giorno di Sukkot, ma sfortunatamente per via dell'acqua alta che ha invaso Venezia non ho potuto raggiungere il Tempio. Sono rimasto qui a ripensare ai trentatré anni che io e mia moglie abbiamo festeggiato nella nostra terrazza, in una deliziosa sukkah coperta da un tetto di rami di alloro. Ogni giorno invitavamo sei persone, a Shemini Atzeret anche a mezzogiorno. L'ultima volta è stata nel 2014. Nel 2015 mia moglie era gravemente ammalata, nel 2016 è morta. Non l'ho più fatto dopo. Sai che faccio ora? Porto il tavolo nel posto dove eravamo soliti preparare la nostra sukkah e mangio fuori. Solo. Come quelli che pregano al Kotel, il Muro del Pianto, perché un tempo lì c'era il Tempio ...

Sukkot
Es importante el sentir todo lo incierto,
Las perpetuas ambigüedades de los días.
Por eso celebramos Sukkot
y vivimos siete días en una casa sin techo.
Es para ver las estrellas,
es para sentir la vulnerable fragilidad de las cosas,
es para mirar al cielo y entender lo invisible,
imaginar en la tierra el tiempo de las bondades,
entender los anhelos y los abismos.

Sukkot
È importante provare l'incertezza delle cose,
La perenne ambiguità dei giorni.
Ecco perché si celebra Sukkot
e restiamo per sette giorni in una casa senza tetto
A vedere le stelle,
A sentire la fragile vulnerabilità delle cose,
Ad osservare il Cielo e comprendere l'invisibile
Ad immaginare il tempo della bontà sulla Terra,
A comprendere il desiderio e l'abisso.

Helena Jesurum, una cara amica di Aldo, mi ha scritto di recente quanto segue in merito ai rapporti che lei e il marito intrattenevano con Aldo e la moglie. Al tempo erano soliti trascorrere assieme Sukkot:

Nel 1998, Napoleone Jesurum, che al tempo era un noto manager a Milano, decise di tornare nella sua amata città natale, Venezia, dove era nato nel maggio del 1929. Voleva tornare alle sue radici. Desiderava rivedere la sua Sinagoga Spagnola, dove nell'aprile 5702, il 1942, aveva celebrato il proprio Bar Mitzvah con il Rabbino Ottolenghi – che venne poi ucciso ad Auschwitz. Nonostante Napoleone, chiamato "Leo" dagli amici, avesse vissuto a Milano per molti anni, fu accolto con gioia dai suoi amici d'infanzia veneziani. L'anno seguente fu nominato Segretario Generale della Comunità Ebraica di Venezia. Nello stesso periodo, Aldo Izzo si occupava del cimitero ebraico e per questo motivo aveva anche la supervisione di questo antico luogo. Naturalmente Leo e Aldo, il comandante di grandi navi, erano destinati ad incontrarsi. Ne nacque un rapporto vero e sincero e fin dall'inizio si stimarono l'un l'altro profondamente. Aldo era inoltre responsabile delle pubbliche relazioni e questo diede vita ad una collaborazione perfetta e costruttiva, una grande intesa con Leo. Ogni anno per la festa di Sukkot, Leo e io eravamo invitati da Aldo e dalla sua cara moglie Antonietta, che amavamo tutti profondamente, nella loro bellissima terrazza al Lido. Trascorrevamo lì delle ore meravigliose assieme agli altri amici della comunità. Sono davvero felice di poter dire che diventammo veri e intimi amici ... un ricordo che resterà per sempre.

I lenti giorni della pandemia

Sto scrivendo di Aldo durante il periodo della pandemia in cui posso viaggiare soltanto con la mia immaginazione. Questo virus non è come i flagelli che vengono raccontati nei libri di storia. Non è la peste bubbonica che ricordiamo così lontana da noi. Questa peste si insinua nei movimenti abituali dell'umanità. Si diffonde in tutto il mondo attraverso i viaggi e nulla, assolutamente nulla, può sfuggirle, perché è padrona della nostra esistenza. Sembra che siamo condannati a convivere con essa.

Penso ad Aldo così lontano, e al tempo stesso così vicino. Mi racconta che i giorni trascorrono come se si rincorressero l'un l'altro, come quando le pagine del calendario si ammassano l'una sull'altra. Si infilano l'uno dopo l'altro come vecchie tombe di un cimitero ebraico da qualche parte in Europa, che sembra, in questo momento, prendersi una pausa dalla barbarie. Intanto Aldo Izzo fa rivivere la memoria degli altri, di quelli che erano a Venezia, nella città in cui la morte sembra essere riflessa in ogni mattone, in ogni angolo.

Il tempo immaginato durante l'isolamento

Le mie conversazioni con Aldo mi fanno pensare ancora una volta alla città d'acqua dove mi godo la sensazione della pioggia che cade, perché sembra sempre che l'Adriatico stia retrocedendo, ritirandosi in se stesso, come se si stesse restringendo. Sento i veneziani esclamare *Signore! Signore!* mentre si fanno strada tra la folla, attraversando strade che non hanno eguali in nessun posto del mondo. Così, tutto in città svanisce dietro la pioggia, come se Venezia si stesse lanciando in un abisso di nebbia. Mentre tutto ciò accade nella mia mente, mi viene in mente che Aldo è sempre di guardia al cimitero. Come mi piacerebbe tornare a Venezia e bussare ai cancelli dell'antico cimitero per accompagnare Aldo mentre saluta i morti. Voglio immaginare nuove storie per questa città – vecchie e nuove – dove tutto diventa un simbolo o una domanda.

In ogni stagione Venezia brilla della bellezza dei suoi vecchi palazzi, dove forse uno degli spiriti accuditi da Aldo si posa su qualche alto luogo a guardare i canali. Apro le tende color seppia e la città si apre verso il mondo. Venezia e le sue magiche acque sembrano essere un sogno che racchiude tutta la bellezza del mondo. E rifletto che anche noi, come la scienza ci insegna, siamo fatti d'acqua, di acque quiete e di altri nobili elementi in un mondo che inizia con la nascita e finisce con la morte.

Le Illusioni d'autunno

Quando Venezia inizia ad ammantarsi d'autunno, non è solo scolpita dall'acqua, ma si copre anche completamente di foglie secche. I gatti che durante l'estate annunciavano le notti tiepide con i loro piacevoli miagolii, ora si nascondono. L'autunno è una stagione lenta e sfuggente, come se si stesse preparando all'umido e nebbioso inverno. Le foglie cadono dagli alberi al tempo stabilito e il passaggio del tempo è percepibile in un'armonia che si completa. Il calendario dei giorni è più corto e leggero. Le cime degli alberi dorati se ne vanno anch'esse lasciando solo i rami a dipingere una storia particolare nel buio, un certo personaggio o fantasma che vaga nei quartieri vuoti, abitati ora dal suono di passi che si allontanano. È allora che le parole diventano ancora necessarie a descrivere in qualche verso delicato il fenomeno dell'autunno in questa città ...

Una foglia ostinata sopravvive ancora tra i rami spogli. Ogni foglia è un giorno che passa. Ne raccolgo una per darla a chiunque mi passi vicino. Voglio raccogliere tutte le foglie del cimitero del Lido e farne un letto, un luogo di riposo per i vivi e i morti che restano esposti a quella precaria stagione e che, come tutti noi, sono passeggeri in transito tra la vita e la morte. Nel frattempo, accarezzo questa foglia che preannuncia l'arrivo del grigio e dell'azzurro, che mi terrà compagnia e non mi abbandonerà. Invecchierò con essa fino al giorno in cui sarò una foglia solitaria nel cuore di una foresta senza alberi, un bosco sacro della memoria, dove Aldo e io vivremo assieme lungo la linea azzurra, tra la luce e l'ombra.

Tornando sempre al Lido

Con l'immaginazione, decido di prendere il vaporetto ancora una volta, fino al capolinea. Ho fatto questo viaggio così tante volte nella mia mente, eppure attraverso calli che sono sempre diverse da quelle che avevo incontrato il giorno precedente, come se cambiassero in base alla mia esperienza, con la magia che appartiene a questa città che sembra volere che io indovini il messaggio che mi sta trasmettendo con le sue trasformazioni. Sempre a Venezia tutto può cambiare in un istante.

Sta piovendo copiosamente e i vecchi palazzi sembrano giocare nella nebbia. Mi piace vedere tutto questo da vicino perché attraverso la foschia tutto sembra un po' strano, misterioso, persino primitivo. Nella foschia le forme sembrano incresparsi nel Canal Grande e io sento che tutto ciò che vedo è sia la realtà del qui e ora, di una Venezia che sta sprofondando ed è assediata dai turisti, e quella di una Venezia che esiste soltanto nell'immaginazione e nell'amore con cui la si ammira.

Ecco quello a cui penso mentre il vaporetto prosegue ondeggiando nella pioggia, e il freddo si unisce al vento e increspa la mia gonna, mentre i venditori di ombrelli guardano con stupore la lunga fila di turisti che attendono di imbarcarsi.

Una visita ai defunti

Improvvisamente un ciclone arriva dall'Atlantico dissipando la nebbia che avvolge ogni cosa e si entra in una Venezia diversa, una Venezia che solo la poesia può cogliere. Arrivo finalmente al cimitero. Allodole e colombe sono incise sui cancelli di ferro. Entrando, sento la strana pace della morte; la tranquillità dei defunti che sembra vogliano dirmi qualcosa, qualche segreto da comunicare attraverso il silenzio o i lontani miagolii dei gatti che mi danno il benvenuto. La morte ci spinge a scrivere della sua natura misteriosa.

Con l'immaginazione, ho visto i barconi della città passare vicini con il loro carico di defunti. Ho visto come i canali si aprono, lasciando che le ombre della città e le sue acque creino percorsi lungo i quali noi, i vivi, viaggiamo. Forse l'intera Venezia è un percorso o un canale nel quale tutto quello che siamo stati si riversa. Ho visto il suo andare e venire, i suoi viaggi tra le ombre e le luci e credo che questo sia quello che Aldo fa tutti giorni. Viene e va, si occupa dei morti e accoglie le loro famiglie. E sembra che in quegli istanti in cui le porte della vita e della morte si aprono, Venezia si trasformi in tutte le città del mondo. Venezia e la sua ostinata purezza, fonte di tutta la luce e dell'ombra, è a volte una tempesta triste, in altre una lacrima che si mischia alla pioggia. È una storia e un tremore di luce.

Il silenzio del permanere

Durante la pandemia, immaginavo Aldo che restava al Lido, dove ai vaporetti era difficile accedere per via della nebbia e della foschia. Non c'erano sirene che suonavano nella nebbia. Il Lido divenne un'isola di splendore dove ogni cosa tornava a germogliare, dove i vicini, sia morti che vivi, imparavano a salutarsi nuovamente. Venezia nel suo gioco di assenze, la città dei sogni, la città dell'amore, la città del dolore. Le rare volte in cui Aldo usciva, doveva essere per seppellire chi era scomparso di recente.

Il Ghetto era vuoto come durante la Seconda Guerra Mondiale, quando in tanti furono deportati e altri si nascondevano. Questi ultimi erano quelli fortunati, e ancora riesco a sentirli mentre arrivano nel campo, conversando, partecipando.

Immagino che ancora una volta stia piovendo a dirotto sulla città. Cerco di ricordare quello che non riesco a vedere soltanto con gli occhi. Cerco di ripercorrere ogni istante a Venezia, e mi sembra un compito meraviglioso nel costante fluire di ciò che è ed, al tempo stesso, non è. E, nella mia memoria, mi dirigo verso il cimitero del Lido ancora una volta, verso le vecchie tombe e quelle più recenti, ma vedo pochi fratelli ebrei veneziani. Sono solo 500 oggi? Tutto è un po' incerto in questa città dalle informazioni, date e statistiche incoerenti. Finalmente, la gente viene e va, come piccoli fantasmi che attraversano i canali. Li guardo mentre vagano e sento che i vivi attendono i morti mentre i morti attendono i vivi. Mi unisco a loro mentre recito la poesia "So as Not to Forget" ("Per non dimenticare") di Gertrud Kolmar, che fu assassinata ad Auschwitz e, ciò nonostante, ci accompagna in questo breve viaggio:

Viene la notte e mi tuffo nelle stelle
Così da non dimenticare nella mia anima la via di casa.

Venezia e l'amore

Quando impari a conoscere Venezia, è impossibile non amarla e resistere al suo fascino. Amare Venezia è come desiderare un'altra persona, tra assenze e presenze. Questa città è un costante andare e venire tra il passato e il futuro, mentre il presente resta in attesa, misteriosamente sommerso, per poter nascere a nuova vita più tardi.

Anche se non vivo a Venezia, mi sento connessa con questa città che di notte sembra avvolgerci nel ritmo suggestivo del suo sguardo. Così, talvolta la incontro alla periferia dei miei sogni, quando si solleva con la marea e una sirena annuncia qualcosa di imminente, oppure alla presenza della sua acqua alta che ci porta tra soffici onde verso la solitudine del mare.

Come ho detto, Venezia è, per me, il Lido e la presenza di Aldo, sempre pronto ad accogliere i morti senza domande e senza chiedere nulla in cambio, come qualcuno che risponde solo alla grandezza di questa città; una grandezza che si riflette in ogni mattone. Venezia è anche il Ghetto, con le sue porte che si chiudevano al tramonto, forse per cercare di arginare e soggiogare un indomito mare nel futile sforzo di renderlo calmo, immutabile. Eppure, sono convinta che, anche quando i portoni venivano chiusi, il Ghetto all'interno fioriva, proprio come la primavera, nella memoria di coloro che intraprendevano il viaggio verso la morte.

Venezia è anche ciò che non viene detto e che viene detto senza parlare, quello che è nascosto, ma è sempre latente nelle profondità della città, diventando la parte più profonda di noi stessi. Lì, nulla manca se permettiamo ai nostri sensi di nuotare nei suoi canali, se lasciamo che essi emergano nella città delle reliquie, che ci abbaglia mentre vaghiamo tra le rovine della sua storia. Venezia è quella identità indefinita che abita nei ricordi, quella indescrivibile presenza quando sogniamo una città impossibile. Forse è questa la ragione per cui viene ricordata da coloro che ne hanno scritto, cercando di ritrarne le architetture con parole che sembrano inizialmente arrendersi alla sua bellezza, dandovi poi finalmente espressione.

Venezia e le sue foglie

Venezia non ha molti alberi, ma io la sento tuttavia come una città verde, le cui chiome risiedono anche nella profondità delle sue acque. Mi godo la vista dei colori dell'Adriatico che cambiano, un misterioso milieu con i suoi verdi e le sue acquemarine. È una città che inquieta, come la fievole luce che resiste all'azione delle maree e all'oblio, come un mare che, inaspettatamente, si veste dello splendore della storia antica nella quale morte e vita sono intrecciate dentro ad un unico sguardo.

Cinco miradas desde Venecia	*Cinque scorci di Venezia*
El sol amaneció en tu mirada.	Il sole sorgeva nel tuo sguardo.
Me desperté y me acerqué al agua	Mi svegliai e mi avvicinai all'acqua
para encontrarme con sus senderos	Per tentare la sorte tra i suoi meandri.

más allá de las horas tempranas,	Passata la buonora,
Venecia meciéndose clara y radiante.	Venezia ondeggiava, chiara e radiosa.
Ha llegado la nieve sobre las aguas	La neve è arrivata sull'acqua
de una Venecia dormida entre el cielo y el agua.	Di una Venezia addormentata tra il cielo e il mare.
La nieve es ópalo y memoria ...	La neve è opalina, è memoria ...
Sentimos el caminar de pasos enmascarados.	Percepiamo il movimento di passi felpati,
La ciudad es una máscara azul.	la città è una maschera azzurra.
Cae la nieve sobre la Venecia dormida.	La neve cade su una Venezia assonnata.
El agua recibe la memoria de la nieve,	Il tempo accoglie il ricordo della neve,
los copos cual estrellas extraviadas,	i fiocchi come stelle ribelli ...
y de pronto son nuestros pasos	E all'improvviso sono i nostri passi
que nos despiertan en esta ciudad memoria,	che ci svegliano nella città della memoria
ciudad que trae una nieve de otros mundos.	La Città che porta la neve da altri mondi
Nada aquí oscurece el alma ...	Nulla qui oscura l'anima ...
La noche y el día en una hebra de oro.	La notte e il giorno in un filo intessuto d'oro.
El cielo no tiene sombras, tampoco el agua.	Il cielo non ha ombre,
La luz cae como una cascada,	Nemmeno l'acqua.
como una risa clara sobre todos los rostros.	La luce cade come in una cascata,
Hemos perseguido a los mapas invisibles de la ciudad.	come una risata pura in ogni viso.
Nuestros rostros también son mapas invisibles,	Abbiamo seguito le mappe invisibili della città.
surcos, ciudades y ríos ...	Solchi, città e fiumi ...
De pronto un pájaro me avisa sobre las orquestas del cielo,	Improvvisamente un uccello mi introduce alle orchestre del cielo,
las campanas de antiguos palacios,	le campane dei palazzi antichi,
Venecia en la memoria guardando sonidos.	Venezia dai suoni che si rifugiano nella memoria.

Sebbene con queste parole stia lasciando la mia Venezia immaginaria, non credo si tratti di un addio definitivo, perché nessuno dice addio a quella città per sempre. La gente e la sua strana geografia ci trovano misteriosamente senza che noi le cerchiamo, come degli individui che si riconoscono nella profondità di un sogno o nella riapparizione di un mare che osservo in altri luoghi.

E poi, ho deciso di perdermi. Perdermi nelle correnti di questo fragile scritto che è confuso talvolta, come il mare che avanza verso Venezia, come l'acqua che ne protegge gli accessi.

Ritorni

Nel 2021 quando finalmente le linee guida relative all'isolamento per Covid diventarono un po' più flessibili, riuscii a pensare nuovamente a viaggiare e a visitare i miei cari. Il primo viaggio che pianificai, dopo aver fatto visita alla mia famiglia in Cile, fu a Venezia, per rivedere Aldo e visitare la città che ha sempre parlato alla mia anima. Ero emozionata per il mio ritorno e per la possibilità di sperimentare i ritmi unici e misteriosi di Venezia, e perché avrei trascorso del tempo con Aldo, a casa sua.

Quando gli scrissi dopo il mio primo viaggio in Cile, dopo più di un anno, imparai qualcosa di importante su di lui. Sebbene ami la sua adorata Venezia, mi disse:

> *Dalle bellissime e poetiche cose che mi hai scritto, capisco che quando rientri negli Stati Uniti senti nostalgia per la terra della tua infanzia e del tuo amato Oceano Pacifico... capisco perché ti renda infelice lasciare il tuo adorato Cile. Dal canto mio, non mi sento particolarmente legato a nessun paese, mi sento apolide, un "cittadino del mondo", nel vero senso della parola....*

L'anima di Aldo non è limitata ad un unico posto, ma piuttosto si estende a tutto il mondo e la sua umanità tocca tutte le persone tanto fortunate da incontrarlo.

Arrivai a Venezia nell'aprile del 2022 con una serie di obiettivi: conoscere meglio il mio amico Aldo; visitare il cimitero ebraico del Lido ancora una volta; girare Venezia e vederla con occhi diversi; e anche imparare di più sulla storia del Ghetto. Inoltre, Aldo attendeva con ansia la mia visita, contava di vedere presto la sua storia pubblicata. Prima del mio viaggio, rispose ad uno dei miei messaggi riguardante la presentazione di un mio libro a Santiago.

Sono così felice di sentire del fantastico lancio del tuo libro. Brava Marjorie! Arriverà il giorno in cui anche il libro che hai scritto su Aldo Izzo sarà pubblicato? Lo spero davvero …

E in un altro messaggio, mi disse:

Continuo con la mia solita routine: Tempio, cimitero, avanti e indietro, su e giù per il Lido con la mia bicicletta rossa … ti aspetto con impazienza e amore … devi anche dirmi del libro!

I suoni di Venezia

La città in cui Aldo vive e di cui cura i defunti come un angelo custode, mi dà il benvenuto con i suoi suoni unici, la sua luce magica. Anche i suoni di Venezia sono legati ai percorsi dell'acqua. Appaiono e poi svaniscono. Sono inquieti, e talvolta sono un approdo di pace. Bisogna ascoltarli. Una volta sentiti, ci si rende conto che si tratta di suoni di tutti i tempi. Sono anche i suoni dei morti che si sporgono dalle crepe della città, delle sue pietre che parlano, narrano e sentono il dolore del tempo.

Quando mi risveglio ancora una volta a Venezia, la prima cosa che sento è l'acqua. È qui da sempre, come le stelle e il mare. Venezia, la città improbabile, è piena di suoni che disegnano una cartografia unica. Qualche volta, quando mi risveglio, mi viene il desiderio di seguire il cammino dei suoi suoni, i suoni del giorno, del mercato di Rialto, dove il pesce ci invita ad essere testimoni delle lusinghe del mare. Anche i suoni hanno un loro sguardo. È necessario trovare la voce in quello sguardo, lasciarsi trasportare via da ciò che è ignoto per perdersi nei rumori di Venezia, in compagnia dei tuoi stessi passi.

I rumori del Lido, una delle ultime isole, sono quelli dei luoghi in cui il mare e il bosco si incontrano, ed è al Lido che si trova il Cimitero Ebraico. Con la mente, cammino sia nella parte vecchia che in quella nuova e non mi fermo. Ascolto soltanto i suoni del silenzio e della morte, mi invitano ad essere presente, semplicemente ... Cammino, passo dopo passo, e passo dopo passo ascolto. Non mi spinge nessuno, solo l'origine dei sogni vissuti che ritroverò in ogni tomba; tombe che risuonano come fiumi, estuari, la voce dell'acqua che niente può interrompere: la voce che sempre è, come la vita stessa.

El tiempo del sendero
Empezamos a descubrir el tiempo del
    sendero,
el que aparece y se bifurca,
el que nos guía al tiempo del agua ...

Hemos ido escuchando las historias del
    camino
como aquellas que cantan las mujeres
    con sus cestas de gredas,
también las urdimbres del silencio
o el claro estruendo de las hojas
sin compás ni brújula,
sin premura.

El camino nos enseña el tiempo
    desprevenido de las cosas:
lo que es y lo que no es,
las palabras veloces que se pierden en

Il tempo del cammino
Cominciamo a scoprire il tempo del
    cammino
Che appare e si biforca
Che ci guida verso il tempo dell'acqua
    ...

Abbiamo ascoltato le storie del
    cammino,
come quelle che cantano le donne che
    portano vasi di terracotta,
come le trame del silenzio
o il nitido fragore delle foglie
senza bussola,
senza fretta.

Il cammino ci insegna l'improvvisato
    tempo delle cose:
Ciò che è e che non è,

abismos y sorderas,
las palabras tejidas en hebras de oro …

Y así nos hacemos frágiles y sabios.
Rescatamos la gloriosa humildad
y sin saber adónde vamos
llegamos con la certeza de lo inefable
con la gratitud de un diseño misterioso.

Parole rapide che si perdono negli abissi
   e nella sordità,
parole intessute in trame d'oro …

E dunque, si diventa fragili e saggi,
Si salva l'umiltà in tutta la sua gloria,
E senza sapere dove si è diretti, si arriva
   con la certezza dell'ineffabile,
con la gratitudine per il misterioso
   disegno.

La città immaginata

A Venezia, occorre giocare con l'assenza perché la città è illusoria. Guardiamo a ciò che è stato, lo si percepisce dal passato, lo si pensa nel qui e ora, lo si scopre grazie ai suoi passi, ai suoni, alla sua trionfante vulnerabilità. Venezia è una donna che è coccolata, assalita, conquistata, ma sempre amata, sempre se stessa davanti a noi. La città improbabile che parla con la cadenza dell'acqua, che ama il silenzio, e la solitudine del silenzio,

LA CITTÀ IMMAGINATA

come si potrebbe amare un cuore che soffre. La notte, i palazzi aprono le loro crepe. Appaiono angeli caduti, voci di altri tempi, e non possiamo fare a meno di innamorarci dei morti, di quelli che vissero lì e che si sporgono per darci il benvenuto dall'ineffabile luogo dell'assenza, da ciò che non è, ma che pure si intuisce.

La luce opalina

La luce a Venezia è opalina. Ondeggia e gioca con il tempo dell'acqua, un tempo diverso dal nostro. Si misura con la bellezza di una leggiadra luce che galleggia. Il tempo dell'acqua ci insegna a fermarci, a sentire e a toccare. La luce opalina è audace; ci invita a guardare ...

La luz clara
Antes, recuerdas,
conversamos de las cosas olvidadas
las que dejamos en las ciudades de agua
porque regresaríamos a ellas,
a la clara luz
donde no había traición ni fuga,
tan solo la luz custodiando el día y la noche,
una luz clara y sonora
que a todos nos pertenecía,
una luz que nos guiaba sin vigilar.
Era la luz de Dios y las estrellas,
la luz clara,
la luz que nos guiaba
entre el umbral de la noche y el día.

La chiara luce
Prima, ricordi,
Parlammo di cose dimenticate,
Cose che avevamo lasciato nelle città d'acqua,
perché lì saremmo tornati,
alla chiara luce
dove non esiste tradimento o bisogno di fuggire,
solo luce che protegge i giorni e le notti,
una chiara luce sonora
che appartiene a tutti noi.
Una luce che ci ha guidato senza controllarci.
Era la luce di Dio e delle stelle,
la chiara luce,
la luce che ci ha scortato
attraverso il passaggio dal giorno alla notte.

Passi

Venezia, la città che risuona di passi, passi di donne, la notte, dai tacchi di velluto. Nessuno si chiede dove stiano andando mentre scivolano nelle notti veneziane, notti enigmatiche, notti che brillano persino nell'oscurità. I passi di coloro che stanno incontrando una persona amata sfidano il regno della velocità. Si librano sui ponti così possono finalmente avere la sensazione di arrivare. Ma forse nessuno arriva mai a Venezia. Forse Venezia non è una destinazione, ma piuttosto una chimera, un'illusione incisa tra veglia e sonno ...

La niebla en Venecia
La niebla en Venecia se apodera del
    alma,
de los pasos en una oscuridad
    interminable.
Ningún paso es seguro ...
No hay certeza
si nos deslizamos por el aire
o por el agua.

La niebla marca los latidos del corazón,
la niebla nos cubre de olvidos.
¿Serán estos nuestros pasos?
¿Serán precipicios?
¿Saltos en el vacío?

La niebla en Venecia tiene pasos ...
Sube y baja,
se dispersa en la bruma.
Nosotros huimos y nos acercamos a ella.
No tenemos certeza de encontrar la
    ruta extraviada ...

La nebbia a Venezia
La nebbia a Venezia cattura le anime
Ed i passi in un'infinita oscurità.
Nessun passo è sicuro ...
E' impossibile dire se
Stiamo scivolando nell'aria
O nell'acqua.

La nebbia segna i battiti del cuore.
La nebbia ci ammanta di oblio.
Sono forse questi i nostri passi?
Sono forse abissi?
Piombi che precipitano nel vuoto?

La nebbia a Venezia ha i suoi passi ...
Si alza e cade,
Si disperde nella foschia.
Ci avviciniamo ad essa.
Non siamo certi di ritrovare il cammino
    perduto ...
La certezza abita in questa incerta
    andare incerto,
nei nostri piccoli passi falsi,

La certeza es de este caminar inciero	dove nulla e tutto ci appartiene,
de estos pequeños tropiezos	dove ogni cosa può essere un segno,
donde nada y todo nos pertenece,	una storia,
donde todo pareciera ser un signo,	o un grande vuoto.
una historia,	
o un gran vacío.	

Stanotte, i miei passi mi guidano al Ghetto. Aldo mi aveva scritto il seguente messaggio su quel luogo pieno di dolore, felicità, isolamento e libertà:

> *La fondazione del nostro Ghetto, come tutti sanno, risale al 29 marzo 1516. Non è la pagina migliore della gloriosa storia della Repubblica di Venezia, quella in cui gli ebrei sono stati imprigionati, prima che lo facesse il Papa a Roma ... Prima della guerra, il Ghetto era abitato quasi interamente da ebrei. Oggi non ci sono più ebrei nel Ghetto. Ovviamente, le cinque sinagoghe restano, come anche gli uffici della comunità, i due ristoranti kasher, l'albergo kasher e i negozi ebraici, la casa del rabbino, la sala mortuaria, il Museo Ebraico, le associazioni ebraiche, i panifici per il pane azzimo (soltanto durante la Pasqua ebraica), il mikvé, il centro sociale della nostra comunità, ecc. Oggi, tutte le nostre attività religiose, culturali e turistiche si tengono in Ghetto ...*[6]

Immagino il passato in cui il Ghetto era abitato soltanto da ebrei.[7] Al mattino i portoni venivano aperti ... Sento i primi raggi di sole, i doni dell'Adriatico che si è appena risvegliato. Sbadiglia e si prepara al suo

---

6 Prima che ci fosse il Ghetto, questo lotto piuttosto piccolo era occupato da una fonderia di rame, da qui deriva infatti il suo nome, dalla parola italiana *gettare*, la gettata e la lavorazione dei metalli (Duneier, pag. 6).

7 La diaspora degli ebrei che vivevano nel Ghetto sottolinea la bellezza del pluralismo etnico, oltre al potere del dialogo interculturale e delle identità collettive. Gli ebrei levantini e ashkenaziti abitavano nella zona assieme agli ebrei spagnoli e italiani, sopportando assieme le sfide della storia umana, mentre i loro testi sacri e tradizioni sostituivano le animosità esteriori e le insite differenze.

andirivieni, alle sue maree imprevedibili. Gli ebrei del Ghetto vanno al lavoro. Forse si sentivano come tutti gli altri abitanti della città che lavoravano e praticavano le loro professioni. Erano medici, mercanti, impresari edili. Li immagino mentre se ne vanno di fretta e poi rientrano al tramonto, quando l'Adriatico se ne va per cominciare il suo lungo riposo azzurro.

Il Ghetto al calare della notte

Era di notte che l'isolamento all'interno del Ghetto diventava evidente, quando una luce fioca vagava attraverso le basse case in pietra. Era allora che le vere abilità del popolo ebreo venivano a galla. Sebbene gli ebrei fossero segregati e confinati dietro le mura del Ghetto, riuscirono a creare una loro comunità in cui la poesia e le lettere prosperavano fino a notte fonda. Tra le ore della veglia e dei sogni, creavano libri, poesie e altri brillanti manoscritti. Il Ghetto per lo più non dormiva la notte. Le stelle vegliavano e continuano a farlo anche oggi.

In quel luogo isolato, alla luce delle candele, gli ebrei trovavano il modo di provare gioia, e non di sentirsi soltanto gli "Altri". Il Ghetto, di notte, si trasformava in una mini-città, vibrante come qualsiasi altra città del mondo, e forse di più, perché fu allora che gli abitanti ebbero l'opportunità di studiare e di pregare. E con l'invenzione del caffè, nell'Europa del XVI secolo, le notti di riflessione e creatività divennero ancora più lunghe. Una palpabile corrente creativa prevaleva nel Ghetto tutte le notti. La gente scriveva, pregava, cucinava e cantava in ladino, italiano, yiddish e talvolta persino in spagnolo. In breve, per gli ebrei del Rinascimento, il Ghetto divenne un luogo simbolico in cui si sviluppò una nuova consapevolezza dell'essenza dell'essere ebrei. All'interno delle mura, si perfezionò un senso di appartenenza e di non-appartenenza ad una città in cui si era sempre soggetti a restrizioni imposte dalle autorità.[8]

Il Ghetto ci ascolta e ci parla. Ci racconta storie a cui normalmente non presteremmo attenzione, ma appena ci saremo liberati dal suo abbraccio, ci renderemo conto che saremo cambiati per sempre. Scopriremo che la nostra immaginazione e le nostre identità restano dentro alle sue mura; delle mura che non ci isoleranno più, ma piuttosto rappresenteranno il contesto storico nel quale il popolo ebraico può immaginare di nuovo se stesso. Nel Ghetto, si può sentire quanto questa unica, intima vita si riveli nel portamento degli anziani e nelle canzoni dei bambini che giocano nel lastrico della piazza.

L'essenza della creatività e l'isolamento

Mentre passeggio per il Ghetto, immagino Sara Copio Sullam mentre prepara ancora una volta il suo grande salone dove si tenevano letture e giochi. La vedo andare e venire attraverso le strade illuminate, con un'espressione irresistibile sul viso che si fatica a comprendere appieno. La notte intreccia i versi di Sara. Ogni parola evoca storie, premonizioni di notti di

---

8 Il Ghetto ebraico, e la nozione di ghetto in sé, è intrinsecamente paradossale; come gli studiosi hanno riconosciuto, nonostante il Ghetto tenesse separati gli ebrei dai loro concittadini veneziani, questo isolamento favoriva lo sviluppo di un senso di unicità identitaria e la capacità di prosperare (Schwartz, pag. 46). Nel tempo, sia il nome che l'istituzione del Ghetto di Venezia si consolidarono, e la terminologia e gli scopi della comunità sopravvissero anche all'esistenza stessa di questo particolare Ghetto.

prigionia in cui la libertà tuttavia avrebbe prevalso. Niente disturbava gli abitanti del Ghetto, solo la luce dell'alba e la luce del crepuscolo quando i poeti tiravano fuori i loro acquerelli per ricamare la speranza nelle parole.

Entrare in contatto con il Ghetto significa sperimentare la creatività, la fede, il coraggio, le preghiere e quell'enigmatico interludio. È come sperimentare un tempo che vive all'interno di altri tempi, quando tutto si fonde e scorre, un tempo in cui l'immagine di Sara che recita le sue poesie accompagnata da una lira emerge continuamente. Le sue poesie descrivono piccoli uomini che volano come angeli sopra le sinagoghe fatte di mattoni di un rosso struggente, quel rosso sacro e bellissimo delle pietre e del crepuscolo, il rosso della città di Venezia.

Esco a piedi dal Ghetto, stando al passo di molti altri che vivono nella mia memoria e che mi hanno accompagnato in questo viaggio. Mentre attraverso le porte, percepisco la notte e gli alberi con le ombre che proiettano. Sento anche i raggi della luna e ricordo il suono delle piccole pietre che raccoglievo nel cimitero, dove i morti mi attendevano in silenzio. I defunti ricordano la storia della loro gente, i bivi e il tempo interrotto; una storia in cui si percepisce la tenue continuità della vita, i risvegli, i sentimenti, l'essere stesso.

La biblioteca de la noche
De pronto te asomas a la noche
donde todo aguarda …
Abres el portal del cielo
que presagia mañanas,
escuchas el rumor de las cosas al
  anochecer.
A lo lejos el viento mensajero de los
  secretos
que se descubren como una fragancia
en el bosque que rodea tu cintura.
Un oboe canta en la noche de los libros.
Cubre todas las tristezas
y las raíces de la noche.

Te asomas a la noche que se acerca,
y en la clara desnudez de tu mirada
te perfumas toda para aguardarla.
La noche es espera, caricia y deseo
que emanan del umbral azul
y te deslizas en la noche como en un
  sueño.
Todo en la noche es palabras,
la noche es un diccionario de estrellas.
¿Cómo será el sueño de los libros al
  anochecer?

La biblioteca notturna
All'improvviso, guardi fuori nella notte
dove tutto è in attesa …
Apri il portale del Cielo
Che annuncia ogni nuovo domani,
Ascolti i suoni della notte che cade.
Lontano, il vento, il messaggero di
  segreti
Che si rivelano come una fragranza
Nella foresta che circonda la tua vita.
Un oboe canta di libri nella notte
I suoi suoni come una coltre su ogni
  tristezza
E sulle notturne origini.

Sbirci la notte che si avvicina
E nella nitida forza del tuo sguardo
Spruzzi del profumo in attesa del suo
  arrivo.
La notte implica attesa, carezze e
  desiderio.
Emanati tutti dalla sua soglia blu,
E tu scivoli dentro la notte come dentro
  ad un sogno.
Ogni cosa nella notte è parole
La notte è un dizionario di stelle.

¿Buscarán refugio en las bibliotecas de la noche	Come fanno i libri a sonnecchiare al crepuscolo?
y en el silencio de los relojes	Cercano rifugio nelle biblioteche notturne?
que a medianoche se adormecen?	E nel silenzio degli orologi a muro
¿Se acomodarán estos libros,	Che si addormentano a mezzanotte?
los unos a los otros,	Si abituano forse i libri
apoyando su tinta azul,	Gli uni agli altri,
sus páginas desprendidas,	proteggendo il loro inchiostro blu,
sus alfabetos de ilusión?	le pagine stracciate,
¿Soñarán los sueños de los otros libros	i loro alfabeti della Speranza?
como a veces nosotros soñamos el sueño de los otros?	Sognano i sogni di altri libri, Come talvolta noi sogniamo i sogni di altri?
¿Palpitarán cuando una página se enamora de otra	Fremono forse quando una pagina si innamora di un'altra?
y jugarán a tomarse de la mano	E fingono di tenersi la mano nella biblioteca notturna
en la biblioteca de la noche	Quando una parola ne bacia un'altra?
cuando una palabra besa a la otra?	
La biblioteca de la noche canta historias.	La biblioteca notturna canta delle storie.
Está construida a la medida del amor.	E' costruita in armonia con l'amore.
Cada palabra se acomoda al respirar de la otra.	Ogni parola si adatta al respiro dell'altra.
Llegan al faro de la noche	Arriva al faro della notte
donde todo aguarda,	Dove tutto aspetta,
donde todo es un reposo claro y opalino,	Dove tutto è avvolto da una pace chiara e opalina,
donde las páginas descansan	dove le pagine riposano,
y la poesía late más silenciosa,	e il cuore della poesia batte più quieto.
descansa entre las sombras del sueño,	Si adagia tra le ombre del sonno,
toca el latir del mundo	Tocca il cuore pulsante del mondo
con un verso y en silencio.	Con un verso e nel silenzio.
La biblioteca de la noche	La biblioteca notturna
donde no hay temores ni prisas.	Dove non ci sono paure e non c'è fretta.

L'ESSENZA DELLA CREATIVITÀ E L'ISOLAMENTO

In questa notte che è diversa da tutte le altre, odo il mondo che si dispiega davanti a me mentre l'eco dei miei passi tradisce la mia presenza. Sono un osservatore che è arrivato a interrompere la memoria di quelli che passarono attraverso le stesse strade e che non ci sono più.

Il Ghetto durante la Shoah

È impossibile entrare al Ghetto senza riflettere sul fatto che, a metà del ventesimo secolo, un paese acculturato come la Germania dominava quasi tutta l'Europa e, con l'aiuto di Mussolini, deportò innumerevoli ebrei italiani.

Mi fermo nel campo a ricordare quelli che furono deportati dal Ghetto durante la Shoah. C'è una targa qui a ricordare quelle persone. Partirono da qui e da altre città italiane e non fecero più ritorno. Ma non voglio indugiare su questo ricordo oscuro e crudele. Preferisco pensare al privilegio di essere vivi, il dono di essere qui, in grado di comunicare con i miei antenati che pregavano nelle cinque sinagoghe del Ghetto di Venezia. Voglio celebrare la continuità della nostra storia nel Ghetto, per vederla come un ulteriore pezzo di memoria della mia gente. È, senza dubbio, una memoria fatta di luci e ombre, di notti e di eterne albe ...

Stolpersteine, las piedras de la memoria
Te tropiezas, te confundes,
te inclinas para saber qué pasó,
por qué te caíste de pronto mientras
　　caminabas
por un tiempo sin premura,
por un atardecer de humo y siempre
　　azul.

Te inclinas ...

Stolpersteine, le pietre d'inciampo
Inciampi, ti domandi il perché,
ti chini a guardare
perché hai vacillato all'improvviso
　　mentre camminavi
in un tempo senza fretta
in un velato crepuscolo che è sempre
　　blu.

Ti chini ...
È un piccolo cubetto di porfido,

Es una pequeña baldosa, simple como la verdad. Tiene un nombre, el día en que esta persona nació, el día en que se la llevaron …	Semplice come la verità. Su di esso un nome, La data di nascita di qualcuno, Il giorno in cui furono presi …
Debes de inclinarte aún más como si pidieras perdón por haberte tropezado con la historia y sus tenues urdimbres. Quieres hacer una reverencia. Sabes que debes de besar la baldosa como cuando niña las hebras de la Torá.	Devi chinarti di più Come per chiedere perdono Per aver inciampato sulla Storia dalle lievi curve. Vuoi inchinarti davanti ad essa. Sai che dovresti baciare quella pietra Come quando da bambina baciavi i rotoli della Tora.
Sabes de vidas truncadas, de pueblos quemados, de sinagogas que aún sollozan entre el humo chamuscado, de una vida quebrada, de una vida robada …	Tu sai delle vite interrotte, di città bruciate, di sinagoghe che continuano a piangere, In mezzo al fumo che scotta Di una vita spezzata, Una vita rubata.
Esta baldosa cuenta de los residuos de la memoria. Era como tú, una joven buscadora de anhelos. Amaba los domingos en Venecia, silbaba mientras paseaba, pensaba en el vientecito tibio del amor, el primer amor, por cierto. No le alcanzaron los años para vestirse de novia azul como las novias de Chagall. Sonreía a sus vecinos que la delataron en el abismo de las traiciones …	Questa pietra racconta le rovine della memoria. Lei era come te, una giovane cercatrice di sogni. Amava le domeniche a Venezia, quando passeggiava fischiando, Pensando alla tiepida brezza d'amore, il primo amore, così sembra. Non era grande abbastanza Per vestirsi a nozze, di blu Come le spose di Chagall. Sorrideva ai vicini che la denunciarono Negli abissi del tradimento …

Y así una vida como la de seis millones de judíos de Europa, de los romaníes, de los homosexuales, de los enfermos mentales en el sanatorio de Venecia donde la encontraste a ella, a su nombre, y sabes que esa vida se desvaneció, cayó entre los escombros, se nubló la memoria de una vida degollada. Te inclinas y besas esta baldosa, y en el gesto de la memoria regresa el viento de la vida.	Una vita, come sei milioni di altre vite, ebrei europei, romani, omosessuali, malati mentali nel sanatorio veneziano dove la trovasti, il suo nome, e tu sai che la sua vita svanì, cadde nelle macerie, offuscando la memoria di una vita spezzata. Ti chini e baci la pietra e in questo gesto della memoria il respiro della vita ritorna.

Il Ghetto rimase nel silenzio durante quei tempi orribili e tragici, ma ora sta tornando nuovamente alla vita con nuove esistenze, con i bambini che giocano a pallone e con una comunità di artisti che regolarmente monta qui i suoi banchi all'aperto.

La casa di Aldo

Andando al Lido, ho di nuovo la sensazione che si trovi lontano, come se ci stessimo lasciando Venezia alle spalle per dirigerci verso acque diverse. Mi piace stare in questo vaporetto lento e sentire il suono melodioso della lingua italiana che annuncia ogni fermata. Le conosco già a memoria, ma non scendo a nessuna di esse perché la mia missione è raggiungere Lido e la casa di Aldo.

Voglio vedere la sua casa, la sua stanza, il suo studio, anche se so che non conoscerò mai completamente Aldo. È impossibile per un essere umano conoscerne appieno un altro perché tutti noi teniamo dentro i nostri misteri unici. Per me, pensare ad Aldo è ripensare ai frammenti che costituiscono la sua vita: nascite, viaggi, la guardiania, il mare, 37 anni di navigazione ... Aldo non parla molto con me di queste cose, ma piuttosto dei suoi ritorni e dei libri che suo padre gli donò. Un giorno, durante una mia visita, mi chiese: "Cos'è che amiamo quando amiamo qualcosa, Marjorie?" Credo che più del mare, Aldo ami la memoria.

L'appartamento di Aldo si trova in un palazzo nobile ed elegante fatto di solido cemento. È al terzo piano. La cosa che mi piace di più è che è inondato dalla luce del sole. Ci sediamo sempre nell'ampia terrazza dove Aldo trascorreva Sukkot con la sua adorata moglie. Sento che la storia degli ebrei è molto simile alla terrazza di Aldo: un luogo di rifugio, di storie e memoria. Dopo tutto, Venezia è stata sempre aperta alla storia al dare rifugio, alla memoria e al passato, il futuro del passato. Aldo cerca sempre di invitare quella signora chiamata memoria alla propria tavola.

In questa casa nulla è opaco; c'è solo luce. È la luce del sole e la luce della comprensione, i segni del passato e i segni del futuro, che convivono felicemente in questa vita. Suona il telefono: qualcuno chiama per un funerale o una festa importante. È il messaggio di una comunità che fa fatica ad esistere nel qui e ora, ma che in passato esisteva e come.

Il letto di luce

Nell'appartamento di Aldo, vedo il letto dove sua madre lo diede alla luce. Vedo anche delle tartarughe imbalsamate e una libreria deliziosamente in disordine. È un angolo pieno di oggetti rituali, come la menorah e il calice usato per benedire il vino. La casa straripa di dizionari, agende, diari con appunti in cui convergono vita e morte. Mi chiedo se i nomi di tutta la comunità ebraica sono scritti in quei magnifici diari veneziani, assieme all'annotazione del luogo del cimitero in cui verranno sepolti.

Mentre Aldo mi mostra la sua confortevole abitazione, noto ancora una volta che dal suo letto si vede il mare. È color nocciola ed è morbido al tocco. Era il letto dei suoi genitori, quello di Aldo e di sua moglie, e ora è solo suo e gli dà riparo e lo protegge.

Mi dice che, inizialmente, era il letto in cui nascevano i bambini, ma ora è il letto del riposo, della meditazione nei giorni e le notti tranquille, pienamente consapevole degli spiriti che l'hanno occupato e che lo visitano nelle notti di luna piena e calante.

Accarezzo il letto di Aldo e sento i passi della storia. Durante il tempo dell'orrore, di sicuro qualche nobile vicino ha vegliato su questo letto per proteggere le tracce di quelle voci, quei passi che non verranno mai dimenticati. In quei tempi del silenzio, il letto ha conservato le storie che ancora aveva da raccontare. Tutto nella casa di Aldo ha la voce della memoria.

Il tempo degli oggetti

In casa di Aldo gli oggetti riposano. Una Tora secolare giace aperta e srotola tutta la sua bellezza nella sala da pranzo dove Antonietta, Aldo e i loro figli trascorrevano il tempo assieme. Le antiche lettere allungate del calendario ebraico sono ancora dorate e contrastano con il bianco pallido delle pagine. C'è sempre un piccolo segnalibro sulla Tora, così non si perde il segno mentre si legge, ma la Tora ci dice anche che se ci perdiamo, possiamo sempre ritrovare la strada di casa. Mi soffermo davanti alla Tora e percepisco una luce opalina che la circonda. Forse è la luce della bontà, la luce di Hashem – come dice Aldo – o la luce della comprensione.

Ogni venerdì, Aldo si reca dal Lido alle sinagoghe del Ghetto a leggere la Parashah e celebrare Shabbat. Lo immagino mentre fa ritorno come sempre alla Tora che lo attende nella solitudine nella quale vive, la solitudine di non avere la sua cara moglie accanto. Ma Aldo lascia sempre la porta di casa aperta per restare in comunicazione con i morti che lo attendono. Ecco la ragione per cui la sua casa non è solitaria, ma piuttosto piena di ricordi; è il luogo in cui il passato si fonde nel futuro, in cui il futuro è la memoria del passato.

Un passo lento

Andiamo a fare una passeggiata, così Aldo può mostrarmi altre parti del Lido che non avevo avuto l'occasione di vedere durante la mia prima visita. Camminare assieme ad Aldo è come viaggiare lungo i sentieri della storia, o meglio la memoria della storia. Ci fermiamo a ricordare. Il passo di Aldo è sempre lento e si può paragonare alle ali degli angeli che, anche se talvolta sono stanchi, preparano nuovi voli, nuovi sentieri da percorrere. Aldo sorride. Lo prendo sottobraccio e lui indica la prima casa dove ha vissuto con i suoi genitori al Lido. Ci fermiamo di nuovo, come se ad ogni pausa tornassimo alle vicissitudini della memoria, alla pace ritrovata nella bontà del tempo che non presenta ostacoli, dove le pietre che si trovano lungo le strade sono le pietre della memoria. Ci soffermiamo a contemplare tutto ciò che ci circonda.

Mentre camminiamo, guardo il viso di Aldo, che, segnato dal sole e dalla vita, racconta così tante storie. Il sole tramonta sempre sul suo volto sul quale ha scavato solchi profondi. Le rughe della sua fronte sono come un grande orizzonte. Questo è il viso di Aldo che, nonostante tutto, confida nella bontà del tempo. Ogni solco è una storia, incessanti navigazioni dell'anima.

Il volto di Aldo

Il volto di Aldo è come una presenza infinita che contiene i suoni del mare. Quando lo guardo, è come se avessi oltrepassato innumerevoli soglie e ponti per incontrare la nobiltà di un capitano di una nave che naviga sempre verso il tempo della luce. Una volta mi raccontò un poco del suo rapporto con il mare e dei suoi anni da capitano:

> *Il mare è bellissimo, il mare brilla ed è bellissimo, ma forse lo è di più quando lo si guarda dalla riva, piuttosto che da una nave. Debbo confessarti che non ho nostalgia, e nemmeno rimpianti, dei miei oltre 30 anni in mare. Forse chi ha rimpianti è colui che non ha ricordi, colui che inconsapevolmente ignora le cose brutte e ricorda solo quelle buone. Sfortunatamente, io ho molti ricordi e mi ricordo ogni cosa: la bellezza, ma anche i momenti brutti, i problemi con l'equipaggio, la grande responsabilità ... Ma di una cosa sono certo: il mare mi ha reso un uomo migliore. Il mare è una grande scuola per la formazione del carattere ...*

Nonostante le notti insonni e i viaggi tenebrosi della vita, il volto di Aldo è il mio porto. È il porto di tutti. Esploro il suo volto, lo tocco e trovo broccati di memoria, la pace di un racconto che contiene tutto l'amore necessario per sopravvivere all'oblio della Storia. Nella pace e nella memoria, tutto rinasce.

Este es tu rostro
Este es tu rostro ...
surcado por el tiempo de los días,
por el tiempo incierto de los días.

Este es tu rostro ...
la piel del niño que fuiste.
Tiene dulces y traviesas grietas.
El tiempo ha viajado por ella.

Questo è il tuo volto
Questo è il tuo volto ...
Solcato dal tempo dei giorni,
Dall'incerto tempo dei giorni.

Questo è il tuo volto ...
La pelle del ragazzo che eri.
Ha dolci e tormentate pieghe.
Il tempo ha viaggiato sulla tua pelle.

Este es tu rostro …
Los ojos se asemejan a dos islas
    extraviadas
en la mitad del rostro,
los labios que antes eran abiertos
como la sonrisa de la media luna
han perdido la textura clara de su luz
y se adelgazan como los días vividos
y los por vivir.

Este es tu rostro
que ha naufragado tantas veces
en su delirio de querer salvar al mundo,
pero nada perdiste en el intento.
Al contario, fuiste un victorioso
    soñador.
Saliste de la pieza oscura de la
    mezquindad
hacia la luz de lo posible
y fuiste audaz en tus deseos.

Este es tu rostro …
Parece haberse vuelto
aún más hermoso y más vivo
a pesar de sus hendiduras,
de sus ríos que lo cruzan.

Esta es tu nariz,
la amadora de las fragancias,
la agradecida por las madreselvas.

Estos son tus oídos
que amaron el viento iracundo
o el viento suave sobre las praderas.

Questo è il tuo volto …
Gli occhi somigliano a due isole
    sperdute
In mezzo al tuo viso,
Le labbra che un tempo si aprivano con
    la mezza luna del tuo sorriso
Hanno perduto la chiara consistenza
    della loro luce
E si sono assottigliate come i giorni già
    vissuti
Ed i giorni che restano da vivere.

Questo è il tuo volto …
Che così tante volte è naufragato
Nel delirio di un mondo da salvare,
benché nulla hai perso a provare
Al contrario, sei stato un trionfante
    sognatore.
che rifuggendo l'oscuro regno della
    meschinità
avanzava invece verso la luce del
    possibile.
audace nei propri sogni.

Questo è il tuo volto …
Sembra che sia diventato
Persino più attraente e vivo
Nonostante le sue crepe,
I fiumi che lo attraversano.

Questo è il tuo naso …
Amante delle fragranze
Grato al caprifoglio

En él, tu rostro contiene lo que fuiste
y lo que eres,
agradecido por el tiempo vivido,
por el ahora iluminado,
por el futuro inverosímil de los días
    plenos.

Este es tu rostro …
En él amaneces agradecido,
el mundo en tu mirada,
la ventana sujetando al mundo,
la risa surcada por las victorias y las
    derrotas,
alerta, salvaje, bellamente envejecida.

E le orecchie
Che amavano il vento irascibile
O le tenere brezze sopra i prati.

Lì dentro, il tuo volto contiene ciò che
    eri
E ciò che sei,
Grato al tempo vissuto,
all'illuminato qui e ora,
all'improbabile futuro dei generosi
    giorni.

Questo è il tuo volto …
Ti svegli con lui, grato,
Con il mondo nel tuo sguardo,
Una finestra che afferra il mondo,
Una risata solcata da vittorie e sconfitte,
Vigile, spazzato dal vento,
    magnificamente invecchiato.

IL VOLTO DI ALDO

Dopo un po' torniamo a casa. Anche se rifacciamo lo stesso percorso, sembra – come tutti i percorsi fatti con Aldo – in qualche modo diverso per via della memoria nitida e precisa del mio amico, che non smette mai di stupirmi. Al termine della nostra passeggiata tutto ciò che resta sono i sospiri di Aldo. Dice: "Tutto passa, Marjorie. Tutto passa. Ti voglio bene con tutta la mia anima." Ripetendo il suo sentimento, rispondo: "Ti voglio bene con tutto il mio cuore. Tutto passa, Aldo".

Pesach a Venezia

Oggi è un giorno speciale. È Pesach, la Pasqua ebraica. Una bella giornata di sole, la luce celebra la nostra festa speciale dandomi l'impressione che oggi noi ebrei non siamo soli. La luce è un angelo che ci guida. Penso alle Pasque ebraiche celebrate nel Ghetto. La tradizione ci fa sentire felici riconoscendo la nostra resilienza nel ricercare il senso di appartenenza, il tentativo di custodire, e non di cancellare. In questa notte di Pasqua, sono piena di gioia. Accanto a me, Aldo benedice il vino e canta. Ci riconosciamo nelle melodie ancestrali che ci uniscono nel tempo del dolore e della tristezza. All'improvviso l'intera casa ha preso il colore delle cose sacre. Non possiamo sfuggire alla storia che abbiamo dovuto sopportare, ma io sento che persino dietro i portoni chiusi del Ghetto eravamo liberi.

Aldo mi fatto un grande dono. Mi ha donato la comprensione della vita e della morte, la misura del tempo dal momento della nascita e da quello della morte. Ho imparato da lui che ogni cosa è intrecciata come un delicato filo d'oro. Lui e io saremo sempre delle anime gemelle perché i fili rossi dei ricordi, del nostro amore per il popolo ebraico, sono eternamente ricamati insieme per formare parte della grande storia che deve continuare ad essere narrata, in modo che nessuno possa dimenticare e che tutti coloro che soffrivano e continuano a soffrire possano essere ricordati un giorno nei nostri pensieri e nelle nostre preghiere.

Pesaj
En la ciudad sin árboles
la primavera llegaba
a través del agua movediza.
Venecia era una rosa y un jazmín.
Llegaba también Pesaj
con sus aprendizajes, sus cantares,
y yo recordaba aquella frase que decía:
Todos fuimos en un tiempo esclavos en Egipto.

Entro sin premura en el amanecer
al gueto de Venecia.
Me acerco hacia la Sinagoga Levantina
donde las Torá de otros siglos me esperan.
La sinagoga está vacía de gente,
pero no de historias.
Una paloma susurra y canta entre los ventanales …

Llegan los pocos hombres para rezar.
Llegan las pocas mujeres
que se sientan en los bancos de atrás.
Llegan todos los del pasado y los escasos de ahora,
los que vivieron en el encierro del gueto
y los que vivieron en libertad.
Nos sentamos separados por una historia perpetua
que tan solo fluye y circula
como las luces de esta ciudad perpetua.

Me acerco a la Torá, la beso.
Es el beso de la supervivencia,
el beso de la historia.

Pesach
Nella città senza alberi
La primavera arriva
Con il movimento dell'acqua.
Venezia era una rosa e un gelsomino.
Anche Pesach è arrivata
con la sua saggezza, le sue canzoni,
e ricordo quella frase che diceva:
Eravamo un tempo tutti schiavi in Egitto.

All'alba, cammino senza fretta
Verso il Ghetto di Venezia.
Mi avvicino alla Sinagoga Levantina
Dove le Tora di altri secoli mi attendono.
La sinagoga è spoglia di persone,
Ma non di storie.
Una colomba tuba e canta tra le grandi finestre …

Arriva qualche uomo a pregare.
Arriva qualche donna
E siede nelle file in fondo.
I molti dal passato
Ed i pochi del presente arrivano,
Coloro che vissero imprigionati nel Ghetto
E quelli che vissero in libertà.
Sediamo separati da una storia eterna
Che scorre e circola soltanto
Come le luci di questa città eterna.

Mi avvicino alla Tora, la bacio.
È il bacio della sopravvivenza
Il bacio della storia.

La casa della memoria

Aldo è l'incarnazione della memoria. La memoria ritorna sempre al passato, a ciò che non esiste più e al territorio di morte che è fuori portata, ma che è la verità più grande che noi tutti temiamo. Di recente, in seguito alla morte di una mia cara amica, chiesi ad Aldo cosa crede che succederà dopo la morte. Mi rispose:

Cosa viene dopo la morte? Non lo so. Guardo con lo stesso stupore quelli che dicono che c'è un'altra vita dopo la morte e quelli che dicono che non c'è niente dopo la morte ...

Talvolta mi chiedo se le luci dei palazzi li illuminino per scongiurare l'arrivo della morte, in modo che non possa trovare nessuno qui a Venezia.

Aldo per me è Venezia anche se non sente di appartenere a nessun paese in particolare. Una volta mi scrisse:

Il fatto che io non mi senta particolarmente legato a nessun paese è autobiografico, ed è, secondo me, facile da spiegare. Nel 1937, 1938 e 1939 (avevo sette, otto e nove anni). È un'età sensibile e io, come sai, mi trovavo a Copenaghen, in Danimarca. Al nostro ritorno nell'Italia fascista, a Venezia, siamo stati accolti molto male, ragione per la quale decisi anni dopo di andarmene per mare. Gli abitanti del Lido hanno la tipica mentalità isolana. [È] un ambiente ristretto e chiuso, diviso in circoli piccoli e impenetrabili dai quali mi sentivo (e sono infatti) escluso. Avevo idealizzato i danesi, ma quelli che poi ho incontrato negli Stati Uniti e in altri luoghi erano terribili ... un altro sogno infranto, un'altra delusione ... Amo Israele con tutto il mio essere. I miei parenti e amici più cari vivono lì ... avevo pensato di fare l'Aliyah, ma c'erano troppi ostacoli: i bambini non volevano andarci, avevo appena comprato l'appartamento dove vivo ora. Sono un ebreo senza terra ...

Mi rattrista sentire il mio amico parlare in questo modo, ma lo capisco, come capisco tutti quegli ebrei che sono stati a lungo perseguitati. Gli ebrei oscillano tra due universi apparentemente opposti: la vita e la morte. Aldo è colui che, per me, tenta di riconciliare questi due universi semplicemente seminando amore e mantenendo la sua compostezza nel lavorare con la morte. Alla fine della giornata, si lava le mani, lascia dietro di sé l'angelo della morte e fa entrare quello della vita.

Aldo, pieno di luce

Las palabras y la luz
También tú y yo vivíamos entre las
    palabras,
entre dos océanos que se acercaban el
    uno al otro.
Tan solo nosotros no pudimos
    acercarnos
después de que visitamos nuestras
    almas,
después de que caminábamos fugitivos
    y juntos
en las geografías de un poema …

Hemos perdido la extraña felicidad
de conocernos sin conocernos,
la discreta intuición que éramos los dos
fantasmas en embarcaciones
    equivocadas,
pero igual tuve la certeza de no
    equivocarme
cuando solía esperarte y llegabas.

Tal vez esperar era una forma de
    desaparecer,
de borrarse como quien uno borra una
    línea de un verso,
o una carta que nunca manda …
Yo no quería desaparecer,

Le parole e la luce
Tu e io siamo vissuti anche di parole,
tra due oceani che si avvicinano.
Solo la vicinanza fisica non è stata
    possibile,
dopo che abbiamo visitato le nostre
    anime,
dopo che abbiamo camminato in libertà
    e assieme
tra le geografie di una poesia …

Abbiamo perduto quella particolare
    felicità
Di conoscerci senza conoscerci,
la silenziosa intuizione che noi due
eravamo fantasmi in barche ribelli,
Eppure, ero persuasa di non essere
    stata in errore,
quando ti aspettavo, e sei arrivato.

Forse attendere era un modo per
    sparire,
cancellarsi come si cancella il verso di
    una poesia,
o di una lettera che non si spedisce mai
    …
Non volevo sparire,
Volevo attenderti in silenzio, nella quiete

quería aguardarte muy quieta en la
    quietud del tiempo,
protegerme del escaso refinamiento de
    la vida.

Y aguardé tus palabras como quien
    aguarda beber agua
para sentirse viva,
para sentirse que alguien por fin te
    escucha
después de vivir entre los sordos ...

Me equivoqué.
No había certezas,
tan solo la luz ...
Tan solo en la luz
la certeza de lo anhelado,
la certeza de lo que imaginamos
tal vez la única ...

Y no olvidar cuando jugamos con las
    palabras,
las dichas y las no dichas,
las trenzadas como el pan dulce de los
    sábados,
las que tú me ibas bordando en italiano
y yo las juntaba, las cuidaba, las hilaba
como un jardín que no moría,
como un collar que crecía, se elevaba ...

Cuánto amé la luz porque tú estabas en
    esa luz,
en la noche del mundo, en la noche de
    las ideas,
en la noche radiante que me hizo
    escribir
con la certeza de que éramos posibles.

del tempo,
e dal poco raffinato tempo proteggermi.

Ed ho atteso le tue parole come chi
    agogna l'acqua,
Per sentirmi viva,
Per avere la sensazione che qualcuno
    finalmente mi sentiva
Dopo aver vissuto tra i sordi ...

Mi sbagliavo ...
Non c'erano certezze,
Solo la luce ...
Solo dentro la luce
Risiede la certezza di ciò che si anela;
la certezza che immaginavamo
Forse la sola ...

E non dimenticarti di quando giocavamo
    con le parole,
Quelle dette e non dette,
quelle intrecciate assieme come il dolce
    pane del sabato,
Quelle che ricamavi per me in italiano
E quelle che raccoglievo, curavo e
    intessevo assieme,
Come un giardino che non moriva
Come una collana che cresceva, si
    sollevava ...

Quanto amavo la luce, perché tu eri in
    essa,
Nella notte del mondo, nella notte delle
    idee,
nella radiosa luce che mi faceva scrivere
con la certezza che noi eravamo
    possibili.

Aldo continuerà ad essere la mia Venezia, quella che ho imparato a scoprire al suo fianco, quella che ho imparato a riconoscere come qualcosa di effimero eppure profondo, come le lettere, la corrispondenza che va e viene, che fluttua tra i giorni e le settimane, i mesi e le notti, quando sognavo di ciò che trema e di ciò che resta in silenzio. Forse quel silenzio è il timore della morte? O potrebbe essere il timore di una vita piena?

Aldo Izzo è un'inesauribile fonte di mistero. Il suo sguardo contiene ogni corpo fatto d'acqua. Scelse di fare il marinaio ed è con l'arte del navigare che torna ai luoghi amati, così come si torna al mistero che giace nel profondo del mare, che forse è morte o forse è vita. Aldo Izzo dice che non sa nulla sulla natura umana, ma è importante notare che solo le persone sagge proclamano ignoranza.

Esploro Venezia ed esploro me stessa. Sono un infinito torrente di sogni e contraddizioni, di domande distanti e risposte inesistenti. Ma Aldo Izzo predomina sempre nei miei pensieri e sentimenti. Faccio esperienza e imparo attraverso le sue azioni e posso immaginare ogni cosa, perché immaginare è vivere e ricordare.

Mentre porto queste meditazioni ad una conclusione nell'anno ebraico 5783, le porte del cielo sono aperte come un cuore che batte sopra la città di Venezia, come un'anima che scrive e ascolta il silenzio dell'acqua, il giorno e la notte, la pace degli orologi assonnati, i libri che riposano nelle vecchie biblioteche di questa città che si riflette sempre su se stessa. In altre parole, c'è una rinnovata speranza. All'inizio del 5783, Aldo mi scrisse:

> *Auguro a te e ai tuoi cari un sereno 5783. Ci stiamo lasciando il 5782 alle spalle. È stato l'anno in cui abbiamo visto l'inizio della scellerata e terribile guerra in Ucraina, un vero disastro per tutti. Finirà nel 5783? Speriamo di sì. La speranza è sempre l'ultima a morire ...*

Di arrivi e addii

Questo testo, dedicato ad Aldo Izzo, rappresenta il fluido andare e venire della sua vita, una vita eccezionale che rispecchia tutte le nostre vite. La singolarità di Aldo sta nella sua tenacia e perseveranza, nelle sfide della memoria, nel compimento dei rituali della morte e delle buone azioni.

Ogni giorno, Aldo si sveglia determinato a portare a termine i suoi obblighi nei confronti dei defunti e a partecipare alle cerimonie di commiato o quelle che riguardano la vita presente: nascite, festività religiose, Shabbat. La sua è una vita che ha un proprio ritmo e calendario. È inoltre una vita che contiene l'imprevedibile dentro di sé: avvenimenti che nessuno può dire quando accadranno, come l'ora della morte o quella della nascita.

Questo compendio di testi viene presentato come una collezione di interludi del tempo, della storia, dell'individuo, e delle vicissitudini della crudeltà e della bontà umana. La storia di Aldo Izzo è la storia del ragazzo che, assieme al fratello Alberto, trovò la libertà e la pace nell'antico cimitero ebraico del Lido. Dopo aver lavorato per mare per più di tre decenni, Aldo torna e conserva la memoria della sua infanzia; un continuo ritorno al Lido e alla città di coloro che non sono più tra noi.

Acqua, vita e morte sono le protagoniste di questi racconti frammentati. Venezia è presente in ogni pagina e sembra al tempo stesso vicina e distante. Dentro alla città ci sono i suoi abitanti che vengono e vanno allo stesso ritmo del mare e c'è Aldo che va e viene, con la sua vita che tesse assieme la storia della vita e della morte, che è poi la storia di ognuno di noi.

In questo sfondo, Venezia appare sia reale che immaginaria. È un luogo che ci lascia senza parole perché è una città improbabile che è riuscita a resistere attraverso i secoli. Nessuno lascia mai Venezia; si può soltanto tornare all'intreccio del tempo in cui passato e futuro convergono a creare il presente.

Come Venezia, questi testi, con le loro domande e le loro risposte, sono fluidi. Vanno e vengono come le onde dell'Adriatico. Anche l'identità di Aldo e la mia – nella veste di chi pone le domande – sono costruite in un modo delicato, come se la scrittura divenisse un comune guardare, e al tempo stesso distinta, nell'ambiguità e nel timore di intromettersi nella vita altrui, in una distanza misurata.

Questo testo è anche una lettera d'amore per la coalescenza di passato e presente, per l'esplorazione della memoria e l'impegno nel ricordo. Mentre scrivevo questo libro, lo sentivo come una lettera fatta d'acqua che finiva a galleggiare attraverso l'Adriatico; lì, un lettore inaspettato l'avrebbe raccolta e letta, come tutte le lettere d'amore che arrivano, inaspettate ... Come ci trova l'amore, così ci trova la poesia, e l'indecifrabile e il misterioso – come la vita e la morte – si intrecciano. Più di ogni altra cosa, Aldo Izzo, il custode della memoria, onora la vulnerabilità del tempo e dell'amore.

Questa cronaca rivela l'importanza dell'ascolto, del lasciare che l'altro racconti la propria storia, ma anche dell'ammirare una vita che forse era rimasta nascosta prima di essere scritta. Mi sento molto fortunata ad aver avuto l'opportunità di dialogare con Aldo, arrivare a conoscere le sue motivazioni, le sue passioni in una vita che è in costante movimento, come il mare che è alla deriva e che non ha fine, proprio come le meditazioni su questo custode della memoria. Aldo è un custode a volte reticente e solitario, che ridona dignità agli altri seppellendo i morti che non possono ricompensarlo per il suo sforzo. Scrivo queste riflessioni su Aldo Izzo in modo che altri possano fissare i suoi occhi luminosi, la nobiltà delle sue mani che commemorano la circolarità del tempo, il tempo stesso della vita.

Il risplendere della letteratura risiede nella magia delle parole che illuminano le menti degli autori mentre si immergono nel paesaggio della loro fervida immaginazione. Dopo aver finito questa cronaca o riflessione sulla vita di Aldo Izzo, ho compreso che la letteratura è anche la voce dell'altro.

Non è soltanto l'arte di narrare, ma anche l'arte di incontrare la voce di un interlocutore che ti permette di ascoltare in profondità quello che viene raccontato. È anche un atto di reciprocità e di delicato equilibrio tra ciò che viene detto e quello che viene taciuto, tra il fine e l'arte infinita della narrazione.

La letteratura è un cammino verso l'arte della pazienza e della bellezza. Scrivere e leggere sono atti di fede. Rappresentano il reciproco intersecarsi di voci e sguardi. In questa opera di letteratura, Aldo è un poema aperto, un violino nella solitudine della foresta, una lucciola che illumina l'oscurità. Vi invito a entrare nella sua vita come se entraste in uno dei canali di Venezia. Arriveremo senza fretta alla sua anima, dove abitano la bontà e la memoria, dove la storia ha fatto il nido nel suo splendore e nelle sue sfide. E sebbene nessuna esistenza possa essere compresa completamente, la vita di Aldo offre infinite chiavi di lettura su ciò che significa vivere per testimoniare il trascorrere del tempo e della storia.

Postfazione ad Aldo Izzo: il custode della memoria *di Mark Bernheim*

Una domanda: come si fa a "custodire" un ricordo? Non puoi incartarlo, non puoi racchiuderlo, non puoi trattenerlo un secondo di più del tempo impiegato dalla memoria a trasformarlo da presente ad un souvenir, una retrospettiva. Il ricordo e il sogno sono entrambi più reali di un presente non vissuto, spiacevole. Prendono colore e sostanza da una palette già colorata, in cui ogni tinta è l'ombra di ciò che racchiudeva. Dante ci ha raccontato quanto è amaro il ricordo della gioia in tempo di dolore. Ma è proprio in quei momenti, che solo il ricordo e il sogno possono nutrire, che l'arte si esprime al suo meglio.

Con *Beyond the Time of Words* del 2022, Marjorie Agosín ha donato ai suoi lettori una meditazione ampia sul potere della poesia di resistere in tempo di grande crisi, una pandemia globale che ha allontanato milioni di persone tra loro, e coloro che amavano profondamente dall'oggetto del loro amore. Il Covid-19 è stata una sfida in cui l'autrice si è cimentata come pochi altri. Nel suo isolamento dalla famiglia, dagli studenti e dai colleghi, ha adattato la sua vita nomade trascorsa tra il Cile e il Massachusetts, il Maine e l'Europa, costruendo un rifugio, ma anche un'apertura, grazie al linguaggio. Scrivendo poesie tutti i giorni per mantenere il contatto con un mondo che si stava ritirando, ha superato come pochi altri la disperazione della reclusione e del limite. Gli altri non potevano sentire le sue parole direttamente, così ha conservato i suoi pensieri e le sue emozioni in un coro di poesie dal ritmo sommesso. Quando la vita sembrava più fragile, ha trovato nel linguaggio gli strumenti per trasferire le parole del passato in un mondo rinato, dove tutto era ancora in gioco, l'enorme sfida di una poetessa che ha avuto il talento di connettere il tempo quando il tempo stesso era congelato, e al tempo stesso accelerato, verso l'incertezza.

Marjorie Agosín ha conosciuto Aldo prima che il Covid li separasse e in seguito lo ritrovò miracolosamente ad aspettarla, ormai entrato nella nona decade della sua significativa vita, quando riuscì a ritornare nel 2022 a Venezia, la città irreale che "esiste solo se la desideri, se la ami". La peste, la nostra peste del 2020, è al tempo stesso uguale e diversa dalle precedenti: per esempio, la pestilenza del 1348, che entrò attraverso le stesse acque del colera secolo dopo secolo, il cui potere distruttivo fu immortalato nella Venezia di Thomas Mann. Tutti i contagi portano con sé la stessa tentazione di arrendersi, che li rende (Covid incluso) mortali per il nostro essere sociale. Perché, cosa siamo noi senza quella parte di noi stessi?

Marjorie Agosín in tutta la sua opera intreccia passato, presente e futuro mentre scorrono dentro di lei e tengono vivi i suoi preziosi antenati, le eredità che porta con sé. È una donna che potresti incontrare in un caffé viennese, in un giardino cileno, un seminario accademico in America, sui ciotoli di una spiaggia del Maine o in un viale alberato di Boston. Non sarà mai da sola, i suoi antenati non l'hanno mai abbandonata. Riempiono la sua vita con eroiche fughe e vite quotidiane, accenti dell'Europa Centrale, imbarcazioni che attraversano mari stranieri in Argentina, Cile, Georgia e New England. Sintetizza la storia ebraica in modi inaspettati – una donna modesta e reticente verso i suoi successi, ma anche, e soprattutto, una donna con armi spietate fatte di parole e immagini, una donna incoraggiata a essere superiore agli uomini, una donna che trova il suo posto nella storia ebraica al di sopra del settarismo divisivo, un fulcro ebraico con una voce universale che riconosce il bisogno di annullare la sofferenza con la gioia della creatività artistica e della bellezza.

Ha risposto alla chiamata di Dante e ha trovato, nella poesia e nella meditazione, modi di ricordare la gioia e la bellezza in un momento di totale emergenza, un tunnel da cui non possiamo essere certi che esista un'uscita. L'ispirazione e la guida avute dall'eccezionale Aldo Izzo a Venezia, le hanno dato la chiave per elaborare, aprendo una porta che l'oscurità sembrava avvolgere tutta.

Aldo Izzo per lei rappresenta Venezia in tutta la sua storia e la liquida purezza. L'attività di guardiano dell'antico cimitero del Lido, dove gli ebrei riposano nella quiete delle epoche, le ha mostrato un radioso esempio di impegno, amore, determinazione e valore. La poesia di Marjorie porta le azioni di Aldo ad acquisire il loro significato più pieno; entrambi hanno bisogno l'uno dell'altro e al tempo stesso di starsene da soli. Venezia è costruita sulla sabbia e sull'acqua che ne cambiano l'effetto, minuto per minuto. Guardate i palazzi dal vaporetto o dal traghetto e imprimete la bellezza nella vostra mente, poi distogliete lo sguardo per allacciarvi le scarpe o stringervi nella giacca. Ora guardate ancora e quello che avevate visto prima non c'è più, è scomparso. Un'altra impossibile bellezza ha preso il suo posto, un'altra vista che vorrete ricordare per sempre, ma velocemente, è scomparsa un'altra volta, mentre l'imbarcazione procede sbuffando e virando sull'acqua.

Marjorie Agosín conosce le poesie premiate con il Nobel di un altro perenne migrante, Joseph Brodskij. Tra le innumerevoli cronache di Venezia, quelle di Brodskij regnano supreme. Ha visitato la città ogni pungente inverno per decenni, scegliendo il periodo in cui si trovavano meno turisti in giro. In "Fondamenta degli incurabili", il suo oceanico inno a Venezia (dove sapeva sarebbe stato sepolto), "il Tempo affoga in ogni canale". Gli architetti della città erano dei maghi per l'autore, eruditi che sapevano come soggiogare il mare e confondere il tempo, "che crearono il più grande capolavoro", come credeva Brodskij, mai prodotto prima, il suo Eden, il suo sapore di Paradiso. Le superfici della città creano polvere e "la polvere è la carne del tempo". Quando si tratta di tempo, i veneziani sono i più grandi, per Brodskij, esperti del mondo". Per Brodskij, il tempo è acqua e solo i veneziani possono conquistarli entrambi. Hanno domato il tempo, lo hanno circondato, ingabbiato. Costruendo ponti verso le stelle, domato il vento per dare all'uomo la possibilità di respirare e vivere.

Ne *Il custode della memoria* di Marjorie Agosín, Aldo Izzo è l'alter ego dell'autrice. Entrambi hanno navigato e girato il mondo, lui è un artista della vita della memoria ebraica, lei è un'artista nel rielaborare i ricordi racchiusi in fretta nella memoria del popolo ebraico, riconfezionandoli con tutto l'amore di coloro che celebra. Si riflettono l'uno nell'altra, sebbene del tutto diversi, eppure uniti, condividendo ciò che, se saremo fortunati, sopravvivrà ad ogni crisi che verrà – e ce ne sono già tra noi. Ecco cos'è Venezia, miei cari lettori, il modo in cui i riflessi delle nostre vite vengono conservati nell'acqua meglio che non sulla terra. Guardate Venezia e il riflesso di ciascun palazzo, e il vostro riflesso su di essi. Dopo un secondo, se n'è andato, come faremo noi. Ma in quell'acqua sulla quale abbiamo il privilegio di muovere i nostri passi, sfidando la gravità, in quell'acqua verranno conservati i nostri riflessi per quando ce ne saremmo andati da lungo tempo. Le poesie di Marjorie Agosín *Beyond the Time of Words* e *Il custode della memoria* sono di una qualità che durerà a lungo dopo la nostra epoca. Come Brodskij sapeva, "la sola cosa che potrebbe battere questa città d'acqua è una città costruita in aria". Per questo, dobbiamo ancora aspettare.

Mark Bernheim
Professore Emerito Fulbright

Il Fotografo: Samuel Shats, onde nel tempo ... di Mark Bernheim

Una melodia per pianoforte viene trasformata in una sinfonia, le annotazioni per un solista diventano i movimenti di un concerto: queste sono le possibilità che ha la musica in questa vita tradotta, ri-immaginata e rinata, allo stesso modo in cui una poesia scritta in una lingua trova una nuova espressione in un'altra.

La fotografia e la poesia possono coesistere su piani totalmente diversi, ma i più bei momenti del verso possono fermarsi un istante nella loro corsa verso il significato e prestarsi all'eternità dentro alla scatola magica della luce e del buio, mischiati all'interno della "camera oscura" di una piccola macchina che congela l'incandescenza come un'onda che si infrange su una riva.

L'odissea di Marjorie Agosín nella quale Aldo Izzo racconta la storia dell'antico cimitero ebraico del Lido e della salvaguardia della propria anima devota, è notevolmente arricchita dalle fotografie di Samuel Shats, meticolosamente curate per *Il custode della memoria*. Come durante la lunga esperienza nel suo Cile nativo e nei decenni vissuti in Israele, Samuel Shats ha raggiunto la sua amica durante i giorni e le serate nella Serenissima; le sue luminose, ma anche cupe, fotografie poetiche in bianco in nero, sono parte integrante dell'esperienza.

Aldo e Marjorie hanno condiviso felicemente i loro veloci momenti in una Venezia sempre in cambiamento, all'interno della infinita gamma di grigi di Samuel Shats. Il velluto è caldo, la vernice è fredda: si possono sentire le temperature del metallo di una pistola, una nave da guerra, il fumo, la foschia, una colomba, la perla, il peltro, il platino, i ciottoli, la pomice, il ferro, l'ardesia, la cenere, il silicio, il carbone, la nuvola, l'asfalto, il nickel e la pietra.

Tutto questo ruota vorticosamente nei suoi scatti dei palazzi veneziani, nelle facciate, le callette e gli stipiti fatiscenti. L'acqua è dappertutto, grigia, talvolta scorre veloce, talvolta è immobile, ma sempre raccoglie su di sé lo sguardo umano, lo trattiene nel proprio riflesso giusto un istante più a lungo di quanto sia possibile concepire, e sembra poi lasciarlo annegare dandogli al contrario la sostanza eterna.

La narrativa di lei, le foto di lui: due virtuosi che richiamano la nostra attenzione e al tempo stesso la ripagano umilmente con la bellezza che nessun altro luogo ha mai restituito. Camminate con entrambi molto liberamente; se vi fosse un biglietto di entrata, l'unico scatto che abbiamo qui di Marjorie e Aldo mentre camminano con passo misurato e lungo per la via principale del Lido, ci ripagherebbe mille volte il costo del biglietto.

Non vi dimenticherete di nessuno dei due, e questo grazie all'arte di Samuel Shats, che rende tutto ciò una certezza.

Mark Bernheim
Professore Emerito Fulbright

Cronologia

1096: sono notorie le persecuzioni degli ebrei compiute con la prima crociata, soprattutto in Francia e Germania, come quella di Francoforte (Duneier, pag. 5).

1290: Gli ebrei vennero espulsi dall'Inghilterra (Duneier, pag. 5).

1306-94: Gli ebrei vennero espulsi dalla Francia (Duneier, pag. 5). Le espulsioni da Francia e Inghilterra (1290) furono dovute in parte alle terre possedute dagli ebrei che esercitavano così il controllo su monasteri e terreni di nobili che avevano con loro grandi debiti.

1385: sebbene ai cittadini ebrei venissero negati i permessi di residenza permanente, quelli già residenti si stabilirono nella regione ad un costo di 4000 ducati, la cui raccolta venne imposta da capi indipendentemente eletti (Calimani, pag. 7).

1386: La Repubblica di Venezia permise agli ebrei di realizzare il proprio cimitero in una zona di terra non coltivata vicino a San Nicolò, al Lido ("Cimitero Ebraico").

1443: Con un proclama si stabilì che gli ebrei non avrebbero potuto gestire scuole di nessun tipo. Tale decisione non permetteva loro di ricevere una formazione di tipo ebraico nel canto e nella danza (Calimani, pag. 10), il che era particolarmente oltraggioso considerando che gli stessi ebrei erano obbligati ad assistere ai sermoni cristiani.

1496: Agli ebrei si richiedeva di indossare un cappello giallo (Calimani, pag. 11), in quanto lo stemma originale giallo non veniva più ritenuto abbastanza evidente; iniziarono così le stagioni dell'emarginazione e della persecuzione attraverso l'abbigliamento.

1516: Gli ebrei furono costretti a ritirarsi nel Ghetto di Venezia, che venne chiuso da portoni sorvegliati dai Cristiani. Dovevano inoltre pagare una tassa quando entravano ed uscivano (Calimani, pag. 33).

1528-31: L'insediamento in questa zona, inizialmente da parte di aschenaziti europei, portò alla creazione di luoghi di culto, come la Scuola Grande Tedesca (1528) e la Scuola Canton (1531) (Calimani, pag. 133), edificati in maniera intenzionalmente nascosta per offrire dei luoghi di incontro sicuri alla comunità ebraica in crescita.

1541: Nel Ghetto venne concesso il permesso di aggiungere un nuovo edificio (Calimani, pag. 46), in concomitanza con l'espandersi della comunità Levantina. Gli ebrei Levantini avevano infatti finanze sufficienti per costruire una sinagoga indipendente, al cui interno venne posta una *bimah* lignea, tuttora presente nell'edificio.

1575: Gli Aschenaziti più poveri, o ebrei Italiani, migrarono a Venezia e vi costruirono la propria sinagoga nello stesso campo di quella tedesca. La sinagoga venne collocata in un'area sacra, con una cupola (Calimani, pag. 134).

1630: La peste del 1630 fu devastante per la popolazione veneziana; muoiono 150 mila residenti (Calimani, pag. 201). I mercanti ebrei dovettero sospendere le loro attività commerciali con i Turchi, provocando delle conseguenze socio-economiche disastrose.

1655: Il Ghetto raggiunse la sua popolazione massima, con oltre quattro mila abitanti (4.870 nel 1655) all'interno di due quartieri e mezzo (Calimani, pag. 149).

1682: Papa Innocente XI dichiarò fuori legge le attività di prestito effettuate dagli ebrei, una decisione oltremodo dannosa che compromise e infine elimina totalmente una delle occupazioni ebraiche del tutto legali (Schwartz, pag. 59).

1684-99: Gli ebrei dovettero sostenere una campagna molto costosa contro i Turchi, che portò la comunità ad una situazione di instabilità finanziaria e ad un aumento dei debiti (Schwartz, pag. 59).

1777: Il Senato ribadì la propria decisione di negare agli ebrei il diritto di cittadinanza (Calimani, pag. 242).

1797: Napoleone arrivò con le sue milizie cedendo (Calimani, pag. 247) in seguito la città all'Austria, un avvenimento che portò in secondo piano la questione dell'uguaglianza degli ebrei veneziani, che ottennero tuttavia qualche nuova libertà (Calimani, pag. 257).

1814: Papa Paolo VII riportò gli ebrei in una posizione di segregazione forzata, scatenando proteste nelle strade da parte dei cittadini romani (Duneier, pag. 12).

1848 e secolo diciannovesimo: Le truppe austriache abbandonarono la città, i portoni del Ghetto vennero rimossi; gli ebrei rimasero in questa zona fino 1870. La ghettizzazione terminò immediatamente dopo la caduta dello Stato Pontificio (Duneier, pag. 228). Le truppe italiane abolirono il Ghetto e unificarono la città (Duneier, pag. 12), dando così il benvenuto ad un'era di parità di diritti per la popolazione ebraica, supportata dalle leggi veneziane.

1938: Le leggi razziali ebbero un forte impatto sulla comunità ebraica di tutta l'Italia, i matrimoni tra cattolici ed ebrei vennero proibiti (Calimani, pag. 277). Gli ebrei residenti nel Ghetto erano circa 1200 e cominciarono a dover affrontare manifestazioni di palese pregiudizio prima dello scoppio della Seconda guerra mondiale. La discriminazione si diffuse generando fenomeni di disoccupazione e marginalizzazione della popolazione ebraica.

1943-4: Nel settembre del 1943 arrivarono le truppe tedesche che iniziarono la caccia all'uomo e i rastrellamenti degli ebrei. Frequenti deportazioni continuarono per tutto il corso dell'anno successivo (Calimani, pag. 279), provocando la morte di intere famiglie e la devastazione all'interno della comunità ebraica veneziana.

1999: Grazie ai finanziamenti provenienti da imprese italiane e internazionali, private e pubbliche, vennero restaurati e catalogati i monumenti funebri all'interno del cimitero del Lido, conservando una storia che può essere fatta risalire al 1550 (*Museo Ebraico di Venezia*).

2016: Sono stati organizzati molti eventi per commemorare l'anniversario dei 500 anni del Ghetto con concerti, convegni e spettacoli storici (Worrall). Nel quartiere abitano oggi poche famiglie ebraiche (Calimani, pag. 281), ma esso resta il centro della vita ebraica della città.

Opere citate

Calimani, Riccardo. *Storia del Ghetto di Venezia (1516–2016)*. Mondadori, 2016.

Duneier, Mitchell. *Ghetto: The Invention of a Place, The History of an Idea*. Farrar, Straus, e Giroux, 2016.

"History & Culture: The Jewish Ghetto." *Jewish Venice*. Consultato il 1 giugno 2021.

www.jewishvenice.org/history-culture/#1526539385425-280228f4-8c16.

"Jewish Cemetery on the Lido." *World Monuments Fund*. Consultato il 1 giugno 2021.

www.wmf.org/project/jewish-cemetery-lido.

Schwartz, Daniel B. *Ghetto: The History of a Word*. Harvard University Press, 2019.

Worrall, Simon. "The Centuries-Old History of Venice's Jewish Ghetto: A Look Back on the 500-year History and Intellectual Life of One of the World's Oldest Jewish Quarters." *Smithsonian Journeys Quarterly*, 6 novembre 2015. www.smithsonianmag.com/travel/venice-ghetto-jews-italy-anniversary-shaul-bassi-180956867/. Consultato il 1 giugno 2021.

Ringraziamenti

Vorrei esprimere la mia profonda gratitudine al Professor Murray Baumgarten per avermi proposta a Beit Venezia come scrittrice in residenza nel 2019. Shaul Bassi mi ha gentilmente ospitato dandomi la libertà artistica di scrivere del Ghetto di Venezia.

Sono stata fortunata ad incontrare Aldo Izzo; senza la sua luminosa presenza e la sua generosità, questo libro non sarebbe mai stato scritto. Sono grata ad Helena Jesurum e a Roberta Orlando per la loro amicizia e per la loro splendida compagnia quando mi trovavo a Venezia.

Ringrazio il Wellesley College per avermi concesso un semestre sabbatico che mi ha permesso di lavorare a Venezia e la Jasper Whiting Foundation per aver finanziato i miei viaggi per poter completare questo progetto.

Ringrazio Samuel Shats per le sue foto intense e Katie Trostel per la prefazione al libro, Shaul Bassi per il suo prologo e Mark Bernheim per la postfazione. Questi testi donano maggiore ricchezza alla vita di Aldo Izzo. Ringrazio anche Bethany Pasko per la sua ricerca sulla cronologia del ghetto di Venezia.

Sono grata a Solis Press per il costante supporto al mio lavoro, per la loro visione e per la loro ispirazione; a Roberta Orlando per la sensibilità della sua traduzione dall'inglese all'italiano.

Ringrazio mio marito John Wiggins per la sua vicinanza, il suo amore ed il supporto al mio lavoro.

Marjorie Agosín
Andrew Mellon Professore di Studi Umanistici
Wellesley College

Milton Keynes UK
Ingram Content Group UK Ltd.
UKHW052229090124
435720UK00005B/10

9 781910 146873